丛书系国家社科基金重大招标项目《以"两个结合"继续推进马克思主义中国化时代化研究》（项目编号：23ZDA006）阶段性成果

中山大学中共党史党建研究院
理解和推进『第二个结合』丛书

张 浩 主编

读懂 天人合一

余 斌 黄越泓 骆红旭 / 著

人民日报出版社
北京

图书在版编目（CIP）数据

读懂天人合一 / 余斌，黄越泓，骆红旭著；张浩主编 . -- 北京：人民日报出版社，2024.10. -- ISBN 978-7-5115-8446-5

Ⅰ . D262.3

中国国家版本馆 CIP 数据核字第 2024YD8852 号

书　　　名：	读懂天人合一
	DUDONG TIANRENHEYI
著　　　者：	余　斌　黄越泓　骆红旭
主　　　编：	张　浩
出 版 人：	刘华新
策 划 人：	欧阳辉
责任编辑：	毕春月　朱小玲
装帧设计：	新成博创 XIN CHENG BO CHUANG
出版发行：	人民日报出版社
社　　　址：	北京金台西路 2 号
邮政编码：	100733
发行热线：	（010）65369509　65369527　65369846　65363528
邮购热线：	（010）65363531　65363527
编辑热线：	（010）65369521
网　　　址：	www.peopledailypress.com
经　　　销：	新华书店
印　　　刷：	北京盛通印刷股份有限公司
法律顾问：	北京科宇律师事务所　（010）83622312
开　　　本：	710mm×1000mm　1/16
字　　　数：	170 千字
印　　　张：	14.75
版次印次：	2024 年 11 月第 1 版　2024 年 11 月第 1 次印刷
书　　　号：	ISBN 978-7-5115-8446-5
定　　　价：	49.80 元

如有印装质量问题，请与本社调换，电话：（010）65369463

理解和推进"第二个结合"丛书
编委会

策　划：刘志明

主　编：张　浩

编　委（按丛书顺序）：

罗嗣亮　陶　颖　吴之声　何　旗　吴　瑞　余　斌

黄越泓　骆红旭　贾　茹　邓菀莛　姚丽梅　罗　楠

总　序

读懂"第二个结合"

在庆祝中国共产党成立 100 周年大会上，习近平总书记首次提出马克思主义基本原理同中国具体实际相结合、同中华优秀传统文化相结合的重大论断。在党的二十大报告中，习近平总书记对"两个结合"进行了深刻阐述："中华优秀传统文化源远流长、博大精深，是中华文明的智慧结晶，其中蕴含的天下为公、民为邦本、为政以德、革故鼎新、任人唯贤、天人合一、自强不息、厚德载物、讲信修睦、亲仁善邻等，是中国人民在长期生产生活中积累的宇宙观、天下观、社会观、道德观的重要体现，同科学社会主义价值观主张具有高度契合性。"在 2023 年 6 月 2 日召开的文化传承发展座谈会上，习近平总书记再次论及"两个结合"，特别对"第二个结合"进行了充分论述，阐明了马克思主义基本原理同中华优秀传统文化相结合的内在机理，即彼此契合、互相成就，揭示了马克思主义基本原理同中华优秀传统文化相结合对于筑牢道路根基、打开创新空间、巩固文化主体性方面具有重大意义。习近平总书记还强调，

"第二个结合"是又一次的思想解放,是中国共产党对马克思主义中国化时代化历史经验的深刻总结,表明了党在传承中华优秀传统文化中推进文化创新的自觉性达到了新高度。

马克思主义基本原理同中华优秀传统文化相结合的根本原因在于二者的契合性

产生于不同社会环境下的两种思想文化,要想达到相互适应、相互融合的和谐统一状态,彼此之间必须具有高度的契合性,这是促使两种文化有机结合进而造就一个新的文化生命体的根本原因。习近平总书记在文化传承发展座谈会上强调:"马克思主义和中华优秀传统文化来源不同,但彼此存在高度的契合性。"这种内在契合性可以体现在宇宙观、社会观、价值观、方法论等方面。

其一,宇宙观的契合性。宇宙观,又可以称为世界观,是人们对于客观存在的物质世界到底是什么以及如何认识客观物质世界的总的看法和根本观点。马克思主义世界观主要指对自然界、人类社会以及人与自然关系的整体看法,是指导人们认识和探索宇宙世界的思想指南。在对自然界的认识上,马克思主义强调自然规律的客观性,认为人类来自自然界,与自然界有着天然的和谐关系,即"人本身是自然界的产物,是在自己所处的环境中并且和这个环境一起发展起来的"[1]。在对物质存在方式的认识上,马克思主义认为,要从物质运动的表现形式出发来认识客观世界,指出:"一切存在的基

---

[1]《马克思恩格斯选集》第3卷,人民出版社2012年版,第410页。

本形式是空间和时间,时间以外的存在像空间以外的存在一样,是非常荒诞的事情。"① 马克思主义的自然观和时空观作为世界观的重要组成部分,是马克思主义世界观的思想坐标,是考察人类社会发展规律的理论基础,也是从实际出发考察国家现实发展的思想根据。基于此,坚持一切以时间、地点和条件为转移的方法论成为将马克思主义基本原理应用于具体社会实践的逻辑前提,也为能够同中华优秀传统文化相结合提供了内在根据。

中华优秀传统文化的宇宙观,以"天人合一"为思想内涵,以中国人认识世界和改造世界的时空观为逻辑起点,是世界观借以中国语言的特殊表达。关于对自然的看法,中华优秀传统文化崇尚"天人之际,合而为一"的境界,阐述了"天道"和"人道"的相互关系,提出了人们应当恪守的行为准则。具体而言,"天道"即天地之间万事万物运行的客观规律,"人道"即在人类社会中规范人们行为方式的道德准则和精神品质以及人类社会发展运动的客观规律。二者的关系为"天地与我并生,而万物与我为一",即人不仅属于自然界的一部分,其本身还需要通过修身养性以达到与自然界和谐统一的境界。对时空的看法,源于对"宇宙"的考察。"宇宙"一词,可追溯至《庄子·齐物论》:"奚旁日月,挟宇宙?"《经典释文》引《尸子》之言道:"天地四方曰宇,往古来今曰宙。"这表明,"宇宙"作为表述时空的概念,已经为人们所用,其中,"天地四方""往古来今"即是对"时空"的中国话语表达。此外,郭象注《庄子·庚桑楚》提道:"宇者,有四方上下,而四方上下未有

---

① 《马克思恩格斯文集》第9卷,人民出版社2009年版,第56页。

穷处；宙者，有古今之长，而古今之长无极。"可以看出，中国古人对于"宇宙"的探索已经达到新的境界，即道出了空间存在的现实性、时间交替的继起性以及时间和空间发展的无限性。这些观点都与马克思主义的时空观高度契合，为同马克思主义基本原理相结合准备了思想条件。

其二，社会观的契合性。社会观指的是关于社会中的人类活动、社会发展的动力因素以及社会发展的趋势方向的整体看法。马克思主义社会观从"现实的人"出发，考察人类社会的实践活动，提出人类社会发展的终极目标和最高理想。在科学实践的基础上，马克思主义社会观以人类社会或社会的人类为出发点和立足点，对人类社会发展动力展开考察，认为人民群众的整体诉求和行动轨迹代表社会发展的方向，是推动社会变革发展的决定力量。由此，在推动社会变革发展的具体实践中，要坚持把人民群众放在至高无上的地位，发挥人民群众改造现存社会、追求理想社会的强大力量。关于理想社会，马克思主义提出人类社会的发展趋势为共产主义社会，即每个人的自由全面发展的美好社会。在这个理想社会中，社会生产力高度发展、物质资料极大丰富、旧式分工彻底消除、阶级对立和剥削压迫彻底消亡、生产资料实现公有，社会关系高度和谐，全体社会成员得到自由全面发展。到那时，全人类有着共同的利益基础，社会成为"真正的共同体"，人们真正摆脱了"人的依赖关系"和"物的依赖关系"，真正实现了每个人的"自由发展"。

中华优秀传统文化的社会观，基于"天下观"的基本理念，倡导"以民为本"的重要思想，将"大同"作为社会发展的终极目标，体现了中国人民家国同构的情怀伦理和对美好社会的向往追求。中华优秀传统文化视黎民百姓为国家根本，其中所蕴含的"民为邦本"思想由来已久。《尚书》载："民惟邦本，本固邦宁。"《孟子·尽心下》提出："民为贵，社稷次之，君为轻。"《荀子·哀公》提出："君者舟也，庶人者水也。水则载舟，水则覆舟。"中华优秀传统文化强调对"民"的重视，并将其丰富和拓展成为中华民族宝贵的精神财富，在一定意义上也成为栽培马克思主义"人民至上"观念的思想土壤。关于未来社会构想，《礼记·礼运》提出的"大道之行也，天下为公"以及对大同社会的描绘，道出中华民族对美好社会的千年夙愿。其中，关于大同社会"矜寡孤独废疾者皆有所养""货恶其弃于地也，不必藏于己；力恶其不出于身也，不必为己"等的描述，实际上体现了人们对于物质资料丰富充裕和社会公有制的追求，这也与共产主义的理想追求有着共通之处，增强了中华民族对马克思主义的认同感。"任人唯贤"出自《尚书·咸有一德》，体现的是重视人才，唯贤是举。马克思主义在确认人民群众在社会历史发展中的主体作用的同时，并不否认少数英雄人物起到的关键作用，这与中华优秀传统文化具有契合性。"为政以德"出自《论语·为政》，"为政以德，譬如北辰，居其所而众星共之"，讲的是统治者和官员要有道德操守，在重视个人品德、遵守政治规则的同时，尽力施行仁政，体现的是正身爱民的思想。"为政以德"是"民为邦本"思想的延伸和在政治上的表现，与"民为贵，社稷次之，君为轻"是相通的，同马克思主义的群众观点和群众路线也是相通的。"讲信修睦"最早出自《礼记·礼运》，核心含义是人与人之间、国与国之间要讲究信用,谋求和睦,强调信用与和睦,涉及人际关系乃至团体、群体的互相交往层面。"亲仁善邻"出自《左传·隐公六年》,"亲仁善邻,国之宝也",讲的是国家民族间要和平相处,不以邻为壑,这也与中华文明的和平性相一致。"革故鼎新"源于《周易》的《革卦》与《鼎卦》,后世将其合二为一作为成语,意指改变社会上陈旧的、不合时宜的旧事物、旧制度,革除违背世道人心的不良因素,荡涤阻碍历史潮流的瑕秽污渍,它与马克思主义所讲的社会革命思想观点相契合。总之,中华优秀传统文化的社会观中关于人民主体力量和未来理想社会的思想与马克思主义社会观高度契合,为二者有机结合奠定了观念基础。

其三,价值观的契合性。价值观,是人们对于是非曲直的认知、判断和选择,体现着人们对于某种精神境界的追求和向往。马克思主义价值观,坚持以人的自由全面发展为核心目标和最高价值,以个人与社会的辩证统一为基本原则和实践遵循,旨在为绝大多数人谋利益,追求真正的普遍的共同利益。马克思、恩格斯在阐明"人的本质"和"社会关系"的基础上,提出个人与社会关系。立足于"人的本质在于其社会性"的观点,马克思主义认为,个人是社会的一部分,个人应该承担起推动社会发展的责任,个人离开了社会就无法生存。基于此,马克思主义提出集体主义的价值观念和道德原则,认为个人只有实现其社会价值才能实现其个人价值。此外,马克思、恩格斯还进一步指出,在共产主义社会,个人利益与社会利益高度一致,个人在维护社会利益的同时,社会也在保障个人利益,即"每个人的自由发展是一切人的自由发展的条件"①。马克思主义这种基于人的本质立场的集体主义价值观念和核心目标,为其同中华优秀传统文化深度融合开拓了道路。

中华优秀传统文化的价值观,有明显的集体主义情感倾向,强调群体高于个体。在宗法制的影响下,古代中国强调个人要遵循社会秩序和等级分配,通过"克己"达到"复礼",以维护封建统治。具体而言,"仁"的价值观念要求人们与人为善,尊重他人,对他人负责;"义"的价值观念要求人们对他人和社会公共利益作出贡献;"礼"的价值观念要求人们遵循社会礼仪,维护社会秩序和规范。中华文明强调的"自强不息",出自《周易·乾卦·大象传》,"天行健,君子以自强不息",意指一个人要有志向,要奋斗上进。"厚德载物"一词,出自《周易·坤卦·大象传》中的"地势坤,君子以厚德载物",指的是人作为天地之间的个体,应当取法于大地,不以个人得失为意,包容万物和他人。从国家层面来看,中华优秀传统文化提倡"苟利国家生死以,岂因祸福避趋之"的家国情怀和"修身、齐家、治国、平天下"的道德追求,认为只有融入社会、忠君报国才是有高尚品德的"君子"。以上种种都体现了中华优秀传统文化对个人的道德要求和行为准则,是中华优秀传统文化价值观的具体彰显。概言之,无论是马克思主义关于人的社会本质和集体主义价值观的思想,还是中华优秀传统文化所讲的个人要遵循社会秩序的观念,都强调个人价值的实现要以社会价值的实现为前提,都认为个人要对社会和集体付出并作出贡献,这鲜明体现了马克思主义

---

① 《马克思恩格斯文集》第2卷,人民出版社2009年版,第53页。

基本原理同中华优秀传统文化在价值观上的高度契合。

其四,方法论的契合性。方法论,是指导人们认识和改造世界、对人们的思维和行为方式产生影响的系统理论。马克思主义方法论,即唯物辩证法,要求人们不仅要从客观现实出发,通过理性思维来认识客观世界,而且要遵循客观规律,发挥人的主观能动性,通过具体实践去改造客观世界。从马克思主义理论的发展历程来看,这一科学理论生成发展的每一步都与实践紧密相连,它从实践中产生,在实践中发展,又反作用于实践并推动新的实践。从马克思主义哲学的任务要求来看,这一哲学思想特别重视实践的重要作用,强调哲学的任务不仅是要改变人们的思维方式、帮助人们理性认识世界,更是要基于此指导人们改变世界。它阐明了实践是全部社会生活的本质的观念,启发人们在社会实践活动中应用科学理论认识。这不仅为人们提高理性认识提供了方法指南,也为无产阶级进行革命斗争提供了实践工具。更重要的是,这种理论和实践相结合的方法论也为马克思主义中国化准备了思想条件和理论前提。

中华优秀传统文化的方法论,以"行"为核心范畴,通过论述"行"与"知"、"行"与"言"、"行"与"学"等的关系,提出"知行合一""言行合一""学至于行"的观念主张。关于"知行合一"的方法论,王阳明主张"尽天下之学无有不行而可以言学者,则学之始固已即是行矣",大意是知识、道理和学问需要通过行为实践才能获得,并强调格物致知、知行合一,这实际上与马克思主义"一切从实际出发"是高度契合的。关于"言行合一"的方法论,《论语·宪问》有曰,"君子耻其言而过其行",提倡人们说话行动要一致，不能纸上谈兵。孔子还提出了考察人的品行的方法论，认为一个人的实际行动是评判其言语和道德的标准，即"听其言而观其行"。这两个观点实际上与马克思主义"实践是检验真理的唯一标准"有相似之处。关于"学至于行"的方法论，《荀子·儒效》讲道，"不闻不若闻之，闻之不若见之，见之不若知之，知之不若行之。学至于行而止矣"，即认为听到、见到和了解到都不如自己去实际行动所收获到的，只有真正行动了，知识和学问才真正实现了其价值。从本质上看，这种"学至于行"的求知方法与"实践是认识的目的和归宿"的方法论有着契合之处。

马克思主义基本原理同中华优秀传统文化相结合实质上是一场深刻的"化学反应"

马克思主义基本原理同中华优秀传统文化二者相互契合才能有机结合。那么，二者结合的实质到底是什么？对此，习近平总书记指出："'结合'不是'拼盘'，不是简单的'物理反应'，而是深刻的'化学反应'，造就了一个有机统一的新的文化生命体。"[①] 这一重要论述深刻揭示了"第二个结合"的实质过程和成果形态，明确指出了二者相遇会产生创造新价值、新思想、新事物的化学反应，同时意味着二者的结合既不是内容的机械拼盘，也不是话语和范畴的简单杂糅，更不是以中华优秀传统文化为主导把马克思主义儒学化，而是经过一次次碰撞、交流、会通而实现螺旋式上升后的有机融合、

---

① 习近平：《在文化传承发展座谈会上的讲话》，《求是》2023年第17期。

血肉相连，乃至基因重组，进而生成新的物质。

其一，深刻的"化学反应"创造了新的文化生命体。马克思主义基本原理同中华优秀传统文化相结合所产生的"化学反应"形态集中体现在二者结合的深度与质变特性上，意味着这种"结合"不仅仅是简单的数的相加或物理拼接，而是通过深入融合和相互作用发生了根本性的变化，形成了全新的文化形态，即"新的文化生命体"。这种新的文化生命体作为马克思主义基本原理同中华优秀传统文化相结合的产物，不仅融合了二者精髓，而且在中国式现代化道路中实现了对中华文明的文化再造和生命更新，为新时代中国特色社会主义文化建设和文艺繁荣不断注入生机与活力，也为中国式现代化不断提供精神力量。在这一新的文化生命体中，马克思主义理论始终具有指导地位，不仅提供了科学的世界观和方法论，而且与中国的历史与实践紧密结合，经过长期的适应、调整和创新，形成了符合中国国情的理论体系和实践路径。通过马克思主义真理之光激活中华文明基因，中华优秀传统文化的价值观、思想精华和人文精神经历了现代化的筛选、提炼和再创造，与马克思主义基本原理相融合，共同塑造了新的文化形态，即中国式现代化的文化形态。

从"结合"的过程来看，马克思主义基本原理同中华优秀传统文化的结合，是一个坚持守正创新且具有鲜明实践导向的过程，不仅代表了中华文明内在包容性、开拓性的发展要求，也代表了马克思主义理论的创新要求、实践要求，从而产生了马克思主义在中国具体的历史与文化中生根发芽、开花结果的必然结果。这一结合过程体现出二者双向互动的机制,即马克思主义的精髓不断激活中华优秀传统文化的根脉,使中华优秀传统文化在新的历史进程中实现创造性转化和创新性发展;同时,中华优秀传统文化的精华也不断充实马克思主义的魂脉,为马克思主义的发展提供丰厚土壤和源头活水。正是在强国建设和民族复兴的宏大叙事与实践支撑下,通过对马克思主义中国化时代化内在机理、深层规律以及中华优秀传统文化的突出特性在长期实践和理论积淀中的揭示,马克思主义基本原理同中国国情、中国历史、中国文化深度融合,马克思主义在中国的文化土壤中扎根,马克思主义基本原理同中国国情相结合的深度和广度不断拓展,马克思主义基本原理同中华优秀传统文化的价值目标和价值立场达成辩证统一。在这一过程中,马克思主义的主导地位不断明确,中华优秀传统文化的世界意义和时代价值不断彰显。正是通过马克思主义同中华优秀传统文化相互作用、相互影响、相互塑造的"化学反应",形成了一个新的文化生命体,既体现了中华文明的深厚基础,也展现了马克思主义的科学性和真理性,推动了中国特色社会主义发展和中华民族现代文明建设。

从"结合"的结果来看,马克思主义基本原理同中华优秀传统文化相结合所产生的新的文化生命体的"果",体现出其"化学反应"不是简单元素的相加,而是深层次的、质的转化,最终诞生了全新的文化形态。在这场"化学反应"中,两种文化的相遇并非平行线的简单交错,而是深度的互渗互融。马克思主义的科学理论与中国传统文化的精神精华相互作用,经过长期的相互影响、相互改造,最终形成了既不同于传统文化的纯粹形态,也不同于马克思主义理论的原初形态，而是形成了一种新的、活的、具有中国特色的社会主义文化生命体。这一"化学反应"过程的特征，首先是选择性的融合。如同化学反应中的催化剂，特定的社会历史条件和实践需求促使这一融合过程选择性地吸收两种文化中最有益于中国社会发展的元素，去粗取精，去伪存真。其次是创造性的整合。不仅仅是物理层面的结合，更重要的是在思想深度和文化精神上的整合与创新，从而产生新的价值观念、思想理念和文化形态。最后是动态性的发展。它不是一次性完成的静态过程，而是随着社会实践的深入、时代需求的变化而持续进行的动态过程，这种文化生命体在不断的发展变化中更加成熟、充实、鲜活。因此，作为结合成果的新的文化生命体所体现的"化学反应"形态，正是在马克思主义的科学指导和中华优秀传统文化的精神滋养下，通过选择性融合、创造性整合和持续的动态性发展，形成的具有中国特色的社会主义文化。新的文化生命体不仅丰富了中国社会的文化景观，也为推进社会主义现代化建设、增强民族文化自信和促进人类文明进步提供了重要精神力量。

其二，深刻的"化学反应"开辟出中华民族现代文明建设之路。马克思主义基本原理同中华优秀传统文化相结合催生了新的文化生命体。这一新的文化生命体不仅重新定义了民族的精神面貌，也为中国式现代化奠定了文化根基。通过深刻的"化学反应"，马克思主义的科学理论与中华优秀传统文化的人文精神相互作用、相互渗透，共同构筑起中华民族现代文明的坚实基础，开辟出一条融合传统智慧与现代科学的现代文明建设之路。

一是重新定义了中华民族现代文明的精神面貌。马克思主义基本原理同中华优秀传统文化深层次、全方位的相互作用与渗透而形成的全新文化形态，对中华民族现代文明的精神面貌产生了深刻影响。马克思主义的科学理论提供了分析社会发展规律的工具，而中华优秀传统文化则赋予了民族精神深厚底蕴，二者的结合为中华民族现代文明提供了发展进程中所需的精神指引和文化自信。马克思主义关于人的自由和全面发展的观点，与中华优秀传统文化强调的和谐、中庸之道等价值观念的融合，形成了促进个人与社会、人与自然和谐共生的现代文明导向，不仅促进了社会的和谐稳定，也激发了个体的创造力和社会责任感，重新定义了中华民族现代文明的精神面貌，使之更加积极向上、开放包容。马克思主义真理之光激活了中华民族优秀基因，深化了中华民族对于文化根源和未来发展方向的自我认知。通过创造性转化和创新性发展，中华传统文化在马克思主义指导下吸收一切先进思想和理念，不仅巩固了自身深厚的文化底蕴，还形成了面向未来的开放态度和创新精神。这种精神面貌的转变，为中华民族在人类现代化历史进程中巩固文化主体性、加强文化创造性提供了源源不断的思想精华和精神动力。

二是为建设中华民族现代文明指明了前进方向。马克思主义的科学理论为建设中华民族现代文明提供了科学的理论指导，为当代中国的物质文明、精神文明、政治文明、社会文明和生态文明的协同发展指明了方向。马克思主义并不是与中国传统文化割裂的外来理论，而是在同中华优秀传统文化相结合的过程中，不断被赋予中国特色和时代内涵，使其能够更好地适应中国的国情和文化背景，从而更好指导中华民族现代文明的发展。马克思主义的科学理论与中华优秀传统文化的人文精神的结合，不仅丰富了中华民族现代文明的科学内涵，也为中华民族现代文明发展进程中遇到的理论与实践问题提供了独特的解决方案。中华优秀传统文化强调的和谐、中庸之道、重视道德和集体利益等价值观，与马克思主义关于社会公平、人的全面发展的理论相结合，形成了具有中国特色的社会主义价值体系，塑造了中华民族现代文明的价值方向，也为处理社会矛盾、促进社会和谐与进步提供了文化基础。马克思主义基本原理同中华优秀传统文化的结合，使中华民族现代文明实现了发展与创新。在文化层面，促进了传统文化的创造性转化和创新性发展，使中华文化在全球化语境下既保持了自身的独特性，又彰显了自身的开放性和包容性；在制度层面，既吸收了马克思主义的科学原理，又融合了中华优秀传统文化的治国理政智慧，形成了中国特色社会主义制度，有效推进了国家治理体系和治理能力现代化。

三是构筑起中华民族现代文明的坚实基础。马克思主义深刻揭示了人类社会发展的基本规律，为中华民族指明了社会主义现代化的基本方向；而中华优秀传统文化所蕴含的深厚人文精神，特别是关于和谐、中庸、仁爱的价值观念造就了民族道德文化的支撑力量，不仅保证了中华民族现代文明建设的科学性和进步性，也确保了其道德性和人文性，塑造了一种富有现代化张力的文明新形态，使古老的中华民族在明德修身上焕发新风貌。这一深刻"化学反应"也在推动着中华文明从传统文明向现代文明的转变，使中华民族不仅在物质层面实现现代化，更在精神和文化层面完成自我超越和接续发展，推动中华文明实现从以农业文明为主导的传统文明向以工业化、信息化、全球化为特征的现代文明的转变，增强文明自觉与文明自信相统一的历史主动。

其三，深刻的"化学反应"实现了又一次思想解放。在马克思主义基本原理同中华优秀传统文化相结合的深刻的"化学反应"中，二者精髓的融合实现了又一次思想解放的历史性跨越。这一结合深植于中国共产党解放思想的历史进程，体现了对党的理论创新经验的总结和对文化发展规律的洞察，同时展现了马克思主义中国化时代化的生动实践。通过这一结合，中华优秀传统文化得到创造性转化和创新性发展，马克思主义在中国的土壤中焕发出新的活力，为中华民族现代文明建设奠定了坚实的理论和文化基础，推动了中华文化在新时代的自信与自强，为中国式现代化探索提供了正确方向和强大动力。

首先，这场"化学反应"推动了对马克思主义与中华文化关系认识的思想解放。这场"化学反应"强调了马克思主义基本原理同中华优秀传统文化之间高度的契合性，打破了二者不可兼容的错误理解，促进了马克思主义文化理论的不断完善和发展。通过将马克思主义基本原理同中华优秀传统文化相结合，不仅为马克思主义在中国的发展注入了新的活力，也为中华文化的现代转型提供了科学指导和理论支持，这一过程本身就是对旧观念、旧文化的一种超越，体现了新时代中国共产党人的思想解放。在新的历史条件下，对马克思主义基本原理同中华优秀传统文化的结合进行时代化的阐释，形成了一系列关于社会主义文化建设的新的理论观点和实践成果，其精华就是习近平文化思想。这不仅为中华民族现代文明建设提供了根本遵循，也实现了思想理论的守正创新，有效推动了中国特色社会主义文化事业的发展。

其次，这场"化学反应"推动了对中国与马克思主义关系认识的思想解放。长期以来，在对中国与马克思主义关系问题的认识上，一部分人片面强调马克思主义科学理论对中国发展的深刻影响，但对中国之于马克思主义理论体系的发展贡献闭口不提。充分肯定马克思主义深刻改变了中国的认识当然是正确的，但停留于这样的认知是不全面的，因为这只看到了问题的一个方面。而"第二个结合"的提出，则使我们认识到马克思主义和中国是互相成就的关系，不仅马克思主义深刻改变了中国，中国也极大丰富和发展了马克思主义，这样的认识才更加全面。马克思主义基本原理同中国具体实际相结合侧重于理论与实践、主观与客观、应用与被应用的关系问题，这一结合做得再好，就其本质而言，也只能体现对马克思主义科学理论的深刻理解和有效运用，无法真正让马克思主义成为中国的。如果说这种结合语境下的"中国"具有明显的受动特质，那么"第二个结合"中的"中国"则表现出强烈的主体能动性。"第二个结合"触及古与今、中与西之间的交流互鉴和融合发展问题。正是通过深刻的"化学反应"，中华优秀传统文化得以进入马克思主义谱系之中，使马克思主义从中华文化沃土中获得丰厚滋养，使身为"舶来品"的先进理论真正内化为中华民族现代文明的有机组成部分，让马克思主义成为中国的。

再次，这场"化学反应"推动了对传统与现代关系认识的思想解放。对于传统文化，过去由于多种因素，有的人往往坚持着这样一种形而上学的偏见：将传统与现代文明机械地对立起来，一提到"传统"就认为是落后的、过时的、陈腐的，而"现代"就是进步的、发展的、时髦的，由此呼吁建设现代文明就必须彻底抛弃传统。事实上，传统与现代之间并非简单的对立或断裂关系，而是有着更为复杂的内在联系，呈现出相互兼容、相互作用的鲜明特征。"第二个结合"在厘清传统与现代关系层面实现了思想解放，凸显了中华优秀传统文化在现代化进程中的地位和价值，要求从连续性和整体性维度考察由传统中国到现代中国的发展演进过程，将中国视为一个连续发展的有机整体。传统与现代是相互影响、相互交融、相互塑造的，中国式现代化强调赓续而非消灭古老文明，是文明更新的结果，而不是文明断裂的产物。"第二个结合"强调以文化底蕴筑牢道路根基，让新时代的道路建设实践有了更为宏阔深远的历史纵深。中国式现代化与中华文明是相互影响、协同推进的，前者赋予后者以现代力量，后者赋予前者以深厚底蕴。

马克思主义基本原理同中华优秀传统文化相结合巩固了文化主体性

马克思主义基本原理同中华优秀传统文化相结合最根本的价值体现在什么地方？对此，习近平总书记在文化传承发展座谈会上指出，"第二个结合"巩固了文化主体性。何为文化主体性？这里的主体性，特指某一主体在文化活动中的重要地位。毫无疑问，这里的

读懂天人合一

主体当然是指中国。因此，文化主体性实质上是指"在文化层面上彰显当代中国作为主体的特殊性质"①，是指中国共产党和中国人民对自身文化发展的高度主动权。习近平总书记强调："有了文化主体性，就有了文化意义上坚定的自我。"②拥有坚定的自我，更是凸显了中国这个主体在文化活动中的自主性和主动性。"第二个结合"巩固了文化主体性，具体体现为增强了文化自觉、坚定了文化自信、提升了文化自立、推进了文化自强。

其一，增强了文化自觉。何为文化自觉？一般认为，"文化自觉"一词最早由费孝通提出。费孝通认为，文化自觉是指"生活在一定文化中的人对其文化有'自知之明'，明白它的来历，形成过程，所具的特色和它发展的趋向"③。他进一步分析，这种文化自觉并不是要复古，也不是要全盘西化，而是为了加强文化转型和文化选择中的主动性以及主动地位。从这一角度来看，"第二个结合"正是如此。它深刻总结文化发展的历史规律，提出文化传承发展的方法，强调守正不守旧、尊古不复古，坚持古为今用、洋为中用，大大增强了中华民族的文化自觉。首先，"第二个结合"是文化传承发展的重要途径和方法。中华优秀传统文化源远流长、博大精深，是中华文化的根脉。但其归根到底是古代小农经济的产物，要使其跟上时代步伐，在当代继续发挥巨大作用，就必须在马克思

---

① 刘同舫：《"第二个结合"与文化主体性的巩固》，《思想理论教育》2024年第1期。

② 习近平：《在文化传承发展座谈会上的讲话》，《求是》2023年第17期。

③ 费孝通：《反思·对话·文化自觉》，《北京大学学报（哲学社会科学版）》1997年第3期。

主义这个魂脉的指导下，实现创造性转化和创新性发展。二者互相作用，互相成就，造就一个新的文化生命体，实现中华文化的新生。其次，"第二个结合"是对文化建设的规律性总结与认识。"第二个结合"不仅是理论逻辑上的必然结论，还是在对近代以来中国文化发展历史进行深刻总结的基础上得出的规律性认识。鸦片战争以后，中国逐步沦为半殖民地半封建社会。面对西方在文化领域的进攻，建立在小农经济基础之上的中国传统文化，在西方先进的资本主义文化面前败下阵来。中国人苦苦寻找文化发展的出路，直到马克思主义传入中国，才逐渐掌握了文化发展的主动权，在精神上由被动转为主动。中国共产党深刻认识到，马克思主义在中国的传播和发展，必须经由一定的民族形式才能够实现，必须同中华优秀传统文化相结合。正是因为坚持"第二个结合"，中国共产党领导人民创造了革命文化和社会主义先进文化，真正推动了中华文化在当代中国的大发展大繁荣。再次，"第二个结合"实现了马克思主义中国化时代化新的飞跃。党的十八大以来，以习近平同志为主要代表的中国共产党人坚持"第二个结合"，立足新时代中国实际，充分汲取中华优秀传统文化中的精华养分，创立了习近平新时代中国特色社会主义思想。从其科学的世界观和方法论，到治国理政的智慧和布局，习近平新时代中国特色社会主义思想闪耀着"第二个结合"的光辉，是中华文化和中国精神的时代精华，实现了马克思主义中国化时代化新的飞跃。

其二，坚定了文化自信。何为文化自信？顾名思义，文化自信就是对自身文化的价值有着高度的认识和肯定，以及对自身文化发

读懂天人合一

展的坚定信心。文化自信是一个国家、一个民族立得住、站得稳、行得远的最大底气。一个民族的文化自信，往往需要经历长期的历史过程，需要经历岁月的反复淘洗和沉淀，需要对自身文化成果有着深刻的总结和继承，还需要对本民族优秀传统文化怀有足够礼敬。"第二个结合"的提出，标志着党的文化自信达到了新的高度。"第二个结合"指出文化自信的重要来源、突出内容和提升路径，大大坚定了中华民族的文化自信。首先，"第二个结合"指出了文化自信的重要来源。习近平总书记指出："中华优秀传统文化是中华文明的智慧结晶和精华所在，是中华民族的根和魂，是我们在世界文化激荡中站稳脚跟的根基。"[①] "第二个结合"充分肯定了中华优秀传统文化的重要作用，指出中华优秀传统文化是我们民族的自信之基、力量之源，是中华文明数千年来生生不息的精神力量，是中华民族历经千难万险依然屹立于世界民族之林的精神支柱。其次，"第二个结合"指出了文化自信的突出内容。中华优秀传统文化中丰富的哲学智慧、历史经验、人生价值、治国理念，是中华文明特有的精神标识，充分体现了中华民族自强不息的奋斗精神和饱含智慧的无穷创造力。再次，"第二个结合"揭示了文化自信的提升路径。要立足中华民族伟大历史实践和当代实践，坚持用中国道理总结好中国经验，加快构建中国特色哲学社会科学；坚持把中国经验提升为中国理论，不断推进马克思主义中国化时代化；坚持用中国理论回答好中国问题，为新时代中国特色社会主义伟大实践提供科

---

① 《习近平关于社会主义精神文明建设论述摘编》，中央文献出版社2022年版，第236页。

学理论指导。

其三，提升了文化自立。何为文化自立？立，就是要立足和扎根中国大地。文化自立就是强调作为文化主体的中国共产党和中国人民，以中国的优秀传统文化为滋养，以中国的社会实践为根据，排除外来因素的侵蚀和干扰，独立自主发展自己的先进文化。"第二个结合"坚持马克思主义指导，坚持从中国实际出发，充分运用中国传统智慧和文化资源，推动新时代文化发展，帮助我们党牢牢巩固文化领导权，大大提升了中华民族的文化自立。首先，"第二个结合"巩固了马克思主义在意识形态领域中的指导地位。马克思主义是我们立党立国、兴党兴国的根本指导思想，但是马克思主义不是一成不变的教条，它必须随着时代的发展而发展，才能始终保持旺盛生命力；必须结合当地的历史文化条件，才能更好地在本土扎根、传播，保证其作为指导思想的重要地位。"第二个结合"坚持守正创新，用中华优秀传统文化充盈、丰富了马克思主义，推动了马克思主义中国化时代化，使其更能符合中国实际，更能为中国人民所接受、领悟和掌握。这在根本上巩固了马克思主义在意识形态领域的指导地位。其次，"第二个结合"加强了中国共产党和中国人民作为文化主体的实践主动性。党的十八大以来，以习近平同志为核心的党中央科学总结中华文化发展历程，深刻洞悉中华文化发展大势，作出一系列关于文化建设的重要论述，并团结带领全国人民加以实践：强调必须坚持自信自立，中国的问题要立足中国实际，由中国人民自己来回答；强调必须加快构建中国特色哲学社会科学，必须体现继承性、民族性，充分利用好中华优秀传统文化资源，在吸收升华的基础上，使民族性更符合当代中国实际和人类发展要求；强调中国式现代化是赓续古老文明的现代化，而不是消灭古老文明的现代化，是从中华大地长出来的现代化，不是照搬照抄其他国家的现代化；等等。再次，"第二个结合"抵御了各类错误思潮的侵扰。习近平总书记指出："我们的同志一定要增强阵地意识。宣传思想阵地，我们不去占领，人家就会去占领。"[1] 面对各式各样的社会思潮、相互碰撞的价值理念、激烈变化的传播态势，"第二个结合"为我们坚持正确的文化建设方向，抵御各类错误思潮的侵扰提供了强大的思想武器：反对任何形式的文化复古主义，坚持推陈出新、革故鼎新；反对文化全盘西化论，正确对待西方文化，吸收人类文明一切有益成果，为我所用；反对西方在意识形态领域的和平演变，坚守社会主义文化建设的正确方向，增强中华文化在国际上的影响力。

其四，推进了文化自强。何为文化自强？进入新时代，中国人民迎来了从站起来、富起来到强起来的伟大飞跃。要真正实现强起来，不仅在物质层面要强，在精神层面也要强。文化自强，就是指中华民族依靠自己的努力，使自身在精神文化领域强起来。"第二个结合"是我们党对中华文明发展规律的深刻把握，为我们提供了一条在精神层面实现强起来的正确路径，为我们担负起新的文化使命指明了正确方向，大大推进了中华民族的文化自强。首先，"第二个结合"对推动文化繁荣有重要意义。勤劳勇敢的中国人民创造

---

[1]《习近平关于社会主义精神文明建设论述摘编》，中央文献出版社2022年版，第67页。

了灿烂辉煌的中华文化，开创了文化繁荣的美好景象。中华优秀传统文化滋养了一代代中国人，塑造了中国人的精神气质，满足了中国人的精神需求。如今，在新时代推进文化发展繁荣，中华优秀传统文化依然存在巨大价值。"第二个结合"将中华优秀传统文化的巨大价值充分彰显和发挥出来，使之与现代社会相适应，与社会主义核心价值观相协调，与当今时代发展与人民需求相符合，为社会主义文化大发展大繁荣提供源源不绝的养分。其次，"第二个结合"对建设文化强国有重要意义。习近平总书记指出，要"推动中华优秀传统文化创造性转化、创新性发展，继承革命文化，发展社会主义先进文化，不断铸就中华文化新辉煌，建设社会主义文化强国"[1]。国家的强盛，既要看经济军事等硬实力，也要看文化软实力。建设社会主义文化强国，是全面建设社会主义现代化国家的题中应有之义，而"第二个结合"是建设社会主义文化强国的重要途径。中华优秀传统文化中刚健有为、自强不息的精神气质激励着一代代中国人面对困境百折不挠，是刻在中国人骨子里的文化基因。今天，面对艰巨繁重的建设任务，中华优秀传统文化依然是中国人迎难而上的动力之源，"第二个结合"为建设文化强国提供了坚实的历史文化基础。再次，"第二个结合"对建设中华民族现代文明有重要意义。习近平总书记指出："中华优秀传统文化是中华文明的智慧结晶和精华所在，是中华民族的根和魂，是我们在世界文化激荡

---

[1]《习近平关于社会主义精神文明建设论述摘编》，中央文献出版社2022年版，第30页。

中站稳脚跟的根基。"①建设中华民族现代文明，是推进中国式现代化的必然要求。中国式现代化是赓续古老文明的现代化，而不是消灭古老文明的现代化。要赓续古老文明，就必须使中华文明从适应自然经济的传统状态转变为适应工业社会的现代状态。"第二个结合"打通了中华优秀传统文化与现代文明相适应的关键渠道，使传统的成为现代的，更好地构筑起中国精神、中国价值、中国力量。

文化兴则国运兴，文化强则民族强。当今世界正经历百年未有之大变局，"源浚者流长，根深者叶茂"。站在历史的交汇点，在全面建成社会主义现代化强国、实现第二个百年奋斗目标的新征程上，我们应充分认识中华优秀传统文化的重要价值，坚定文化自信、历史自信，大力推进中华优秀传统文化的研究与传承。要坚持马克思主义理论的科学指导，透过表象看历史，深入挖掘中华优秀传统文化的精神标识和文化精髓，把马克思主义基本原理同中华优秀传统文化精髓融会贯通，进行创造性转化和创新性发展，赓续中华文脉，谱写当代华章。要深刻把握中华优秀传统文化的当代价值，充分发挥中华优秀传统文化的引领作用，把马克思主义基本原理同中国具体实际、同中华优秀传统文化相结合，坚定不移推进马克思主义中国化时代化，在守正中创新，在传承中发展，讲好"第二个结合"故事，更好推进中华民族现代文明的发展。

在中华人民共和国成立75周年、中山大学成立100周年之际，中山大学中共党史党建研究院组织专家学者撰写的理解和推进"第

---

① 《习近平关于社会主义精神文明建设论述摘编》，中央文献出版社2022年版，第236页。

二个结合"丛书的出版,具有重要的政治意义和纪念意义。同时,这套丛书是国家社科基金重大招标项目《以"两个结合"继续推进马克思主义中国化时代化研究》(项目编号:23ZDA006)阶段性成果,具有一定的学术意义。

希望这套丛书在深化对党的二十大精神、文化传承发展座谈会精神和习近平文化思想研究阐释方面立新功,在深化对"第二个结合"研究方面谋新篇,在推动讲好中华优秀传统文化故事、中国共产党故事等方面探新路。

是为序。

张 浩

中山大学中共党史党建研究院执行院长

目 录

第一章 / 001
天人合一的产生背景与历史演进

第一节　生态文明视域下的天人合一…………………………………… 004

第二节　天人合一思想的产生背景与农耕文明生产方式………… 007

第三节　天人合一思想的历史演进…………………………………… 011

第二章 / 017
天人合一的古代实践

第一节　古代生态管理的理念与实践………………………………… 020

第二节　生态农业智慧的传承…………………………………………… 028

第三节　植树护林的传统………………………………………………… 037

第四节　水利生态保护与治理…………………………………………… 041

| 第五节 | 传统民居的环保理念 | 052 |
| 第六节 | 古代山岳的生态保护 | 056 |

第三章 / 059
马克思主义生态观与天人合一的契合性

第一节	天人合一思想中的生态文明观	062
第二节	马克思主义生态观与天人合一思想相契合的内涵	077
第三节	马克思主义生态观与天人合一思想相契合的意义	089

第四章 / 109
中国共产党对天人合一的探索与实践

第一节	新民主主义革命时期践行天人合一	112
第二节	社会主义革命和建设时期践行天人合一	127
第三节	改革开放和社会主义现代化建设新时期践行天人合一	140

第五章 / 153
新时代新征程继续践行天人合一

第一节	习近平生态文明思想对天人合一的守正创新	156
第二节	美丽中国建设对天人合一的目标追求	171
第三节	共建地球生命共同体理念对天人合一的拓展延伸	182

第一章

天人合一的产生背景与历史演进

第一章
天人合一的产生背景与历史演进

天人合一思想起源于古人对生存环境的认知和思考，它将人与万物视为有机不可分割的整体。天人合一体现了中华文明追求人与自然和谐共生的理念，凝聚了古人关于人与自然关系的智慧与思考。生活在中华大地上的劳动人民数千年来始终传承和发展着天人合一的思想。

天和人的关系一直是中国传统文化的一个重要命题。在中国传统哲学中，天人合一是根本性的哲学命题，也是儒家思想的重要基石。中国传统哲学（特别是儒家思想）认为，研究"天"（天道）不能不牵涉"人"（人道）；研究"人"也不能不牵涉到"天"。天人合一思想包含了人与自然的关系，强调人与自然的统一，实现人和自然的和谐发展，这对今天解决"人"和"自然"的关系应该说是有着正面积极意义的。

第一节　生态文明视域下的天人合一

一、中国古代哲学中的"天"与"人"

"天"是中华传统文化的重要概念,每个时代的思想家都在其特定的历史条件下提出了自己的理论和观点,著名哲学家张岱年对此进行了归纳和概括:"中国古代哲学中所谓天,在不同的哲学家具有不同的含义。大致说来,所谓天有三种含义:一指最高主宰,二指广大自然,三指最高原理。"①

"天"被赋予了丰富的文化内涵,承载着深刻的哲学思考,探究其起源和发展,则与古代的生产实践有着密不可分的联系。古人的生产生活与周围环境的变化密切相连,"天"是外在于人的客观存在和力量,对人的生产生活有着深刻的影响。

古人对于"天"的认识来源于对天文地理的观察与思考,《淮南子·天文》中论及:"昔者共工与颛顼争为帝,怒而触不周之山。天柱折,地维绝。天倾西北,故日月星辰移焉;地不满东南,故水潦尘埃归焉。天道曰圆,地道曰方。方者主幽,圆者主明。明者,吐

---

① 张岱年:《中国哲学中"天人合一"思想的剖析》,《北京大学学报(哲学社会科学版)》1985年第1期,第1页。

气者也，是故火曰外景；幽者，含气者也，是故水曰内景。吐气者施，含气者化，是故阳施阴化。天之偏气，怒者为风；地之含气，和者为雨。阴阳相薄，感而为雷，激而为霆，乱而为雾。阳气胜则散而为雨露，阴气盛则凝而为霜雪。"①

《淮南子》中记载的神话故事反映了古人对天文地理、地形构造、气候变化的认知，用天圆地方、阴阳二气的概念解释自然现象及变化的内在原因。其中的"天倾西北""地不满东南"的描述高度契合了中国地势西高东低的整体走向，虽然是以神话的形式呈现，却也可以反映出古人善于观察和总结劳动生活的经验。

二、中华文明延绵发展与天人合一内涵的丰富

中国古代以农立国，勤劳智慧的劳动人民很早就认识到季节变化、天文历法与农业生产的密切关系，只有顺应天时、善用地利，尊重自然规律，从事农业活动才能获得好的收成。这也是古人对天人合一理想状态的追求。通过农业生产实现岁稔年丰是古人的生存所系和共同愿望，天人合一与古人在长期的农耕实践中总结出来的经验息息相关。中华文明的存续久远依赖于农业生产的延绵不息。伴随农业生产而形成的中华农耕文明，深刻地影响着中国人的思维方式。古人在探讨天人关系时，丰富了天人合一思想的内涵。例如，中国古代的建筑布局、养生观念、人格修养都被认为可以实现天人合一的理想状态。

---

① 何宁：《淮南子集释》，中华书局 2021 年版，第 167 页。

读懂天人合一

　　中华大地的古人在维系生存与发展的过程中，需要不断向自然索取和消耗自然资源；同时，古人也十分注意保护自然，关注生态环境的承受能力。中华文明源远流长、延绵至今，生动地说明了在这片土地上的人类活动与自然生态系统达到了长期的良性循环，天人合一思想所蕴含的生态智慧是中华民族与生态环境协调共生的生动总结。

第二节　天人合一思想的产生背景与农耕文明生产方式

一、中华文明的起源与农业体系的发展

探析天和人的关系的实质，其实是人对于自身存在与外在自然的认知和把握，这种观念和认知是社会生产的方式体现，也是文化传承的体现。古人面朝大地勤劳耕作，仰望星空宇宙浩瀚无穷，很早就将天文观察与人文活动紧密联系，形成了中华文明独特的天人合一思想。天人合一思想厚植于中华文明的根脉当中，也被越来越多的考古发现所证实。

根据著名考古学家严文明的研究，中国是与西亚、美洲并列的世界最主要的三大农业起源中心之一，对后来古代文明的产生与发展起了决定性作用。在漫长的中国农业发展过程中，形成了两个区域紧挨、稳定发展、基础宽广的农业体系。在黄河流域形成了以粟和黍为主要农作物的旱地农业体系，在长江流域形成了以稻作农业为主的农业体系，中华文明从未中断缘于两个农业体系大而互补。[1]

对于中华文明的起源，严文明提出了著名的"重瓣花朵"理论，

---

[1] 严文明：《农业起源与中华文明》，《中国乡村发现》2016年第5期，第38页。

用一个诗意的名字阐释了中华史前文化的结构之美。① 中国文化的中心位置在中原地区,好比花心,围绕中心的黄河流域和长江流域为主体的文化区,就好比内圈的花瓣,在花瓣的外面还有很多文化区,花心与内圈花瓣、外圈花瓣形成多元一体的文化系统,共同构成中华文明的整体。

二、农耕文明的发展与天人合一

在漫长的农耕文明的发展进程中,耕作务农被认为是大多数百姓的本分所在,劝课农桑、重视农业则是国家的基本国策。《国语·周语》中记载:"民用莫不震动,恪恭于农,修其疆畔,日服其镈,不解于时,财用不乏,民用和同。是时也,王事惟农是务,无有求利于其官,以干农功,三时务农而一时讲武,故征则有威,守则有财。"② 在古代所有的政治事务当中,农业生产是关系国计民生的头等大事,劝诫统治者绝对不能因为其他事务而耽误农时、影响收成。

百姓是江山社稷的根本所在,只有百姓安居乐业,国家才能实现长治久安。正如《史记》中所言"农,天下之本,务莫大焉"③,安定民心的根本在于农业。在漫长的古代中国,农业的兴衰既是关系社会稳定的头等大事,也是大多数百姓赖以生存的衣食来源。正因为农业生产对于国家和百姓都至关重要,古人对于主导和影响农业

---

① 严文明:《中国史前文化的统一性与多样性》,《文物》1987 年第 3 期,第 40 页。
② 徐元诰:《国语集解(修订本)》,中华书局 2022 年版,第 21 页。
③ 司马迁:《史记》,中华书局 2014 年版,第 542 页。

第一章
天人合一的产生背景与历史演进

生产的客观力量进行了长时间的深入的观察和思考。

中国古代劳动人民在漫长的农业生产中,十分注重处理农业生产与天时地利的关系,追求人与自然的和谐共生,形成了以天人合一为基本理念的生态思想。古人在漫长的农业生产实践过程中,丰富了天人合一思想的内涵,形成了顺应天时、因地制宜、节用惜物、仁民爱物等深入人心的理念。

【案例】二十四节气——天人合一的时间知识体系及其实践

"春雨惊春清谷天,夏满芒夏暑相连。秋处露秋寒霜降,冬雪雪冬小大寒"——这是中国人从小就会背诵的二十四节气歌的歌词,描绘了四季更迭和气候变化,是中华传统文化的瑰宝之一。古代劳动人民和天文学家通过观察,根据一年内太阳在黄道上的位置变化和引起的地面气候的演变次序,将全年平分为二十四节气,每个节气都对应于太阳在黄道上每运动15°所在的位置。二十四节气不仅反映人们对季节变化和自然现象的深刻理解,也是劳动人民长期广泛使用以指导农事活动的历法。百姓按节气安排农事和日常生活,有计划地插秧、播种和收获等。

有学者认为,二十四节气的形成与中国文化独有的时空关系认知有密切联系:"由于中国文化独有的时空关系表现为空间决定时间,所以时间的划分必须建立在空间的基础上才能完成,这意味着二分二至四气与东西南北四方具有着固定的对应关系。具体地说,正东方表现春分,正西方表现秋分,正南方表现夏至,正北方表现冬至。事实上,平分四方的结果决定了四气的长度必然相等,但四

读懂天人合一

方并不是中国传统空间思想的全部，完整的空间体系是由四方观念发展形成的八方九宫，即在四方之间添加了四维……如果在八方的空间背景下规划时间，那么除与四正方向对应的分至四气之外，还要建立与四维对应的时间体系，于是便形成了立春、立夏、立秋和立冬四节。古人习惯于将立春、立夏叫启，立秋、立冬叫闭，于是在分至四气的基础上又形成了分、至、启、闭八节。"[1]

二十四节气的产生源于古代农业生产的实际需要，又充分体现了天人合一思想的内涵，对于现代农业生产和生态保护依然具有重要的指导意义。尽管科学技术的发展日新月异，我们仍须始终坚持顺应自然规律安排农业生产。古代天人合一的思想为当今生态文明建设提供源源不断的养分，推进人与自然的和谐共处。

在国际气象界，这一深刻体现中国特色的时间认知体系被誉为"中国的第五大发明"。2016年11月30日，联合国教科文组织保护非物质文化遗产政府间委员会第11届常会正式通过决议，将中国申报的"二十四节气——中国人通过观察太阳周年运动而形成的时间知识体系及其实践"，列入联合国教科文组织人类非物质文化遗产代表作名录。

作为内涵丰富的时间知识体系，二十四节气鲜明地体现了中华民族尊重自然、顺应自然规律进行生产生活的天人合一生态理念，彰显出中国人对天文、物候变化认知的独特性，体现了中国人将农事活动安排与物候变化共生共融的智慧，也是人类文化多样性的生动见证。

---

[1] 冯时：《二十四节气的文化哲学与时代意蕴》，《人民论坛》2024年第1期，第100页。

第三节　天人合一思想的历史演进

对于人与自然的关系，中国古代的思想家们有过许多思考和论述，既有"人定胜天"的豪言壮语，亦有"听天由命"的无奈哀叹；既有"天人相分"强调人的主观能动性，也有"天人感应"的客观唯心主义论述。

一、天人思想的滥觞

上古时期，文明初启，古人对自然现象往往感到恐惧与敬畏，寄希望于祭祀活动能够带来风调雨顺。正如《礼记》中所记载的商代浓郁祭祀氛围："殷人尊神，率民以事神，先鬼而后礼，先罚而后赏，尊而不亲。"[1] 这表明商代人对于超自然力量的态度是敬畏与崇拜的。

商周更迭之际，古人对"天"的认识趋于理性，认为天命和人间统治者的道德存有内在联系。"周人尊礼尚施，事鬼敬神而远之，近人而忠焉。"[2] 周代以后统治者对超自然力量的态度发生了变化，敬

---

[1] 郑玄：《礼记注》，中华书局2021年版，第712页。
[2] 郑玄：《礼记注》，中华书局2021年版，第712页。

鬼神而远之，对"天"的尊崇不再是通过"事鬼神"的祭祀活动来体现，而是通过"敬德保民、以德配天"的仁政德政来体现，认为守护好百姓就能获得民心，就是"顺应天命"。

周代的礼乐制度对后世影响深远，孔子一生致力于恢复周代的礼乐典章制度，"周监于二代，郁郁乎文哉，吾从周"①。孔子对"天""人"与万物的关系有如下论述："天何言哉？四时行焉，百物生焉，天何言哉？"②宋代理学家朱熹对此句进行了注释，认为万物的生长发育正好是天理的显现："四时行，百物生，莫非天理发见流行之实？"③

先秦道家始终关注着人与自然的关系，对人与万物的和谐共生之道有着深入的思考和阐述，道法自然、天人合一等思想至今依然具有深刻的理论价值和现实意义。老子主张"人法地，地法天，天法道，道法自然"④，以"道"作为宇宙万物的本体，将人与天地万物视为能够实现和谐共生的内在统一体。《庄子》主张万物一体，虽然世间万物千差万别，"齐一"又是万物殊别的必然归宿，正所谓"天地与我并生，而万物与我为一"⑤，强调人与天地万物整体有序的和谐共生状态。现实世界存在着种种对立冲突的现象，道家通过对"道"的阐释揭示宇宙的运行机制和根本动力，认为人可以通过对"道"的领悟以及个人修养的提高实现与环境互依共存。

---

① 朱熹：《四书章句集注》，中华书局2023年版，第65页。
② 朱熹：《四书章句集注》，中华书局2023年版，第181页。
③ 朱熹：《四书章句集注》，中华书局2023年版，第181页。
④ 王弼注，楼宇烈校：《老子道德经注校释》，中华书局2016年版，第64页。
⑤ 郭庆藩：《庄子集释》，中华书局2006年版，第86页。

第一章
天人合一的产生背景与历史演进

论及天、人关系，荀子是先秦儒家中非常特殊的一位。不同于孟子的"尽心知性"达至"知天"境界，荀子更加强调天的自然规律属性，主张认识到天与人的相分，强调人的主观能动性，"制天命而用之"①，人可以认识自然规律，而且有能力根据自然规律的变化而有所作为。

荀子根据"气""生""知"阐述了人类与水火、草木、禽兽的区别："水火有气而无生，草木有生而无知，禽兽有知而无义，人有气、有生、有知，亦且有义。"②"草木畴生，禽兽群焉，物各从其类也"③，即万物的生存都各自依从自己的同类。荀子又强调人的特殊性，作为"有气、有生、有知"的存在，人需要承担更多的伦理责任。对于统治者而言，实现天下大治需要"万物皆得其宜，六畜皆得其长，群生皆得其命"④，百姓安心生产，"春耕、夏耘、秋收、冬藏四者不失时，故五谷不绝，而百姓有余食也"⑤，这内在包含着人与自然和谐共生的命题。

不同于荀子主张的"天人相分"，以子思、孟子为代表的思孟学派主张"天命之谓性"，将人内在的德性涵养与象征超越性的天命贯通，主张人可以通过不断加强德性修行而实现境界提升，"尽人之性""尽物之性"，最终达到"与天地参"的境界。

在儒家的文化体系中，天地万物不是作为客体而外在于人的存

---

① 王先谦：《荀子集解》，中华书局2013年版，第375页。
② 王先谦：《荀子集解》，中华书局2013年版，第194页。
③ 王先谦：《荀子集解》，中华书局2013年版，第8页。
④ 王先谦：《荀子集解》，中华书局2013年版，第195页。
⑤ 王先谦：《荀子集解》，中华书局2013年版，第195页。

在，人与天地万物共同构成宇宙的有机整体。人与天地万物彼此共生交融，天道与人道是一而二、二而一的对立统一关系。天地万物滋养化育了人，而人的价值也在于参与天地万物生生不息的大化流行中。"天人合一的宇宙观内含从万物相互联系出发而非孤立片面看待世界的观点，强调整个世界的有机关联。人与自然、人与人、人与社会之间是共生共存的关系。人不是孤零零的存在，人与草木、鸟兽、山水、沙石同在。按照这样的宇宙观，人与天地万物属于同一个大的生命共同体，这样就把人类的生存与宇宙万物的生存联系起来。"[1] 正如《中庸》所言："万物并育而不相害，道并行而不相悖。小德川流，大德敦化。此天地之所以为大也。"[2] 天地虽然广大无垠，万物虽然不可胜数，而作为万物之灵的人也能在参与天地万物之化育的过程中达到天人合一的境界。

二、天人感应与万物一体

汉代思想家董仲舒以人的身体类比天地，强调两者存在密切关联，"人有三百六十节，偶天之数也；形体骨肉，偶地之厚也。上有耳目聪明、日月之象也；体有空窍理脉，川谷之象也"[3]。在同类相感理论基础上，董仲舒进一步主张天人感应，"天人之际，合而为一。

---

[1] 郭齐勇：《天人合一的内涵与时代价值》，《人民日报》2022年6月20日。
[2] 朱熹：《四书章句集注》，中华书局2023年版，第38页。
[3] 苏舆撰，钟哲点校：《春秋繁露义证》，中华书局2019年版，第316页。

第一章 天人合一的产生背景与历史演进

同而通理,动而相益,顺而相受,谓之德道"①,认为人能够达到与自然共生和谐的状态。

董仲舒从"天人感应"的角度阐释天人合一的思想内涵。随着宋代新儒学的兴起,"天人一体"的内涵得到扩充和丰富。宋明理学家从"万物一体"的层面阐释天人合一思想。例如,宋代思想家程颢主张"仁者以天地万物为一体"②,明代思想家王阳明认为"天地万物本吾一体者也"③。理学家把人与天地万物视为一个有机的整体,主张人应该加强道德修养和精神追求,扩充自己的仁性,体悟人与天地万物原为一体,最终实现人与天地万物统一的天人合一境界。天人合一思想来源于古人对生存环境的观察及对生存经验的总结,又在道德修养层面指引人追求天地万物和谐共生的境界。

中国传统哲学的思想主题是天人合一,在现实层面强调人与人、人与天地万物的和谐共生,在心性修养层面追求人之性与天之道的统一。中国古代的生态伦理思想产生于天人合一的文化体系中,是古人对生存环境深入观察及生存经验总结的产物。"天人合一""万物一体"的整体性宇宙观契合中国人的思维习惯,根植于此的生态理念是经过千百年历史沉淀的经验总结,对于指导今天构建人与自然和谐共生的生态关系而言,无疑具有文化亲切感和现实意义。

天人合一源远流长,古代众多思想家从不同的立场出发,对"天人合一"这一概念作了不同的分析,既有唯心主义立场的阐释,

---

① 苏舆撰,钟哲点校:《春秋繁露义证》,中华书局 2019 年版,第 316 页。
② 程颢、程颐:《二程集》,中华书局 2004 年版,第 1179 页。
③ 王阳明撰,邓艾民注:《传习录注疏》,上海古籍出版社 2015 年版,第 202 页。

也有唯物主义立场的解读。先秦思想家荀子提倡"明于天人之分"的朴素唯物主义，以董仲舒为代表的汉代思想家主张"天人感应"的天人相通神秘主义，宋明理学家主张"万物一体"的和谐境界追求。经过长期的传承和交流，天人合一逐渐成为中国古代文化的主流观点，强调人与自然万物的互动共生与和谐统一。我们今天传承和弘扬中华优秀传统文化，要坚持从历史唯物主义的立场观点方法进行分析，在现代语境下阐释和理解天人合一。

02

第二章

天人合一的古代实践

第二章
天人合一的古代实践

在古代，经济、政治、道德、农业、建筑等方面都讲究天人合一。西周时期的政治理论"惟天阴骘下民""天命靡常""以德配天、敬天保民"等都体现了天人合一思想，强调天是主宰和影响社会发展的神秘力量，劝诫统治者的治国之道应当顺应天命。汉代思想家董仲舒提出"天人感应"学说，让统治者养成对"天"的敬畏之心，从而在治国施政过程中顺应天意，并通过施仁政泽福万民。这在古代政治实践中体现了以天人合一思想实现国家长治久安的理想追求。

中国古代对天人合一的追求也体现在生态文明方面。在生态文明的发展中，古人追求的天人合一，主要是指人类顺应自然规律、利用自然规律，以获得生存和发展；同时，人类也要尊重自然、保护自然、回馈自然，如此才能达到天与人浑然一体的境界，概括来说就是"天惠人，人惠天"。

第一节 古代生态管理的理念与实践

生态环境与国家的安定繁荣、百姓的日常生活息息相关。史前采猎文明时期，人类对环境的利用和改造能力十分有限，对环境的影响十分微弱。根据考古研究，以淮河地区为例，新石器时代中期，史前人类为了适应与利用当时的生态环境，通过采集、渔猎，辅以水稻种植、家猪饲养的生业方式来获取食物资源；新石器时代晚期，温暖湿润的气候环境不利于人类定居，仅有少量居民仍以采集、渔猎、水稻种植、家猪饲养的广谱经济模式来获取食物，艰难地维持着自身的生存与发展；新石器时代末期，气候环境逐渐从温暖湿润向温和偏干方向发展，加之人类活动与自然作用……淮河干流南北地区呈现"南稻北粟"的农业格局，水稻种植、家猪饲养成为人们获取食物资源的重要方式，同时也还伴有粟、黍、小麦、大豆农作物的种植，而采集、渔猎活动只是当时先民获取食物资源的补充手段。[1] 新石器末期以后，人类对自然的改造和利用能力明显增强。这一时期出现了大规模开垦土地、修建水利设施等改造自然的活动。当人类的生产活动超过了自然承载的限度，破坏了自然生态平衡，

---

[1] 胡飞：《淮河中游地区史前人类生业模式变迁的环境考古学观察》，《南方文物》2023年第1期，第159页。

第二章
天人合一的古代实践

人类与环境的矛盾和冲突开始逐步明显。

在中国古代传统的政治观念中，保护自然资源和安养百姓被认为是统治者理所当然的责任和义务。这种政治理念在先秦的典籍中就有论述。荀子主张把万物视作可以滋养百姓的存在，实现物尽其用、地尽其利，"故天之所覆，地之所载，莫不尽其美、致其用，上以饰贤良、下以养百姓而安乐之"①。古代君王肩负着管理和照顾百姓的职责，为了避免百姓过度破坏自然，需要引领百姓有节制、有计划地开发、利用自然资源。正如《淮南子》所记载："食者，民之本也；民者，国之本也；国者，君之本也。是故人君者，上因天时，下尽地财，中用人力，是以群生遂长，五谷蕃殖，教民养育六畜，以时种树，务修田畴，滋植桑麻，肥墝高下，各因其宜，丘陵阪险不生五谷者，以树竹木。春伐枯槁，夏取果蓏，秋畜疏食，冬伐薪蒸，以为民资。是故生无乏用，死无转尸。故先王之法，畋不掩群，不取麛夭。不涸泽而渔，不焚林而猎。豺未祭兽，罝罘不得布于野；獭未祭鱼，网罟不得入于水；鹰隼未挚，罗网不得张于溪谷；草木未落，斤斧不得入山林；昆虫未蛰，不得以火烧田。孕育不得杀，鷇卵不得探，鱼不长尺不得取，彘不期年不得食。是故草木之发若蒸气，禽兽之归若流泉，飞鸟之归若烟云，有所以致之也。"②

古人认为，春天是草木生长的时节，不应入山砍伐，要顺应植物的生长周期；夏季是鱼鳖发育的关键时节，禁止捕捞，要给予鱼鳖充分发育的时间。对自然资源的开发和利用要有节制，竭泽而渔、

---

① 王先谦：《荀子集解》，中华书局2022年版，第195页。
② 何宁：《淮南子集释》，中华书局2021年版，第685—687页。

过度捕猎等都是被禁止的行为。

根据《淮南子》所言，对于古代统治者而言，治理国家必须满足百姓对自然资源的合理需求，同时又必须教导民众合理开发并保护自然资源。鱼鳖是生活所需的食物，要允许老百姓进行合理的捕捞和食用。山林资源是生产生活所不可或缺的能源和原料，同样应允许百姓合理砍伐利用。古人在利用自然资源时，还特别注重顺应万物生长的规律，考虑到资源利用的时效性。植物、动物都有生长发育的周期，在其生长期内应该给予充分保护。政府要制定相应的政策法令，禁止对自然资源进行过度开发；而当植物、动物的生长发育周期结束后，就应允许劳动人民为了生产、生活的需要合理开发自然资源，真正做到用物以时、节用有度。

源自先秦的为政之道对后世的影响是深远的，规范和制约着古代统治者的施政行为。一方面，它要求统治者顺应天时实施政令，组织百姓按照自然规律开展农业生产；另一方面，又必须控制百姓对自然资源的过度索取，避免破坏环境，引发生态危机。天人合一思想对古代生态管理理念的影响体现在顺应天时、取之有度的为政思想指导层面和虞衡生态管理制度层面。

一、顺应天时、取之有度的生态管理理念

《礼记·月令》是反映古代政治生活和施政思想的重要文献，主张根据季节的不同对自然资源进行保护或者开发，遵循物候的更替安排生产生活。"是月也……天气下降，地气上腾，天地和同，草

第二章
天人合一的古代实践

木萌动……命祀山林川泽，牺牲毋用牝。禁止伐木，毋覆巢，毋杀孩虫、胎、夭、飞鸟，毋麛，毋卵，毋聚大众，毋置城郭，掩骼埋胔。……不可称兵。称兵必有天殃。"①

对于万物萌动、生长发育的春季，《礼记》主张顺应天时保护万物的生长。一方面，国家通过隆重祭祀山林川泽，彰显天人合一的思想；同时，为了避免伤害有妊娠的动物，春月的祭祀活动不能宰杀雌性动物。另一方面，国家严令禁止在动物繁衍的季节出现倾覆鸟巢、捕杀幼虫幼兽等行为，严禁砍伐正在生长的草木，禁止在农忙的时节征召百姓、兴师动众。无论是庄重肃穆的山川祭祀，还是细致入微的生态禁令，都可以看出古人对天人合一之于农业生产和环境保护的内在联系有深入思考。

等到秋季，草木已经开始凋落，树木已经长成，应该及时伐木，将树木枝干烧制为炭，以备冬天御寒，如《礼记·月令》主张"是月也，草木黄落，乃伐薪为炭"②。

除了《礼记》外，天人合一思想对于顺应天时、取之有度的生态管理理念的影响还体现在《荀子》中："春耕、夏耘、秋收、冬藏，四者不失时，故五谷不绝，而百姓有余食也。污池、渊沼、川泽谨其时禁，故鱼鳖优多，而百姓有余用也。斩伐养长不失其时，故山林不童，而百姓有余材也。"③ 由此可见，天人合一思想对古代生态管理理念的影响是深刻而全面的，春耕、夏耘、秋收、冬藏不失

---

① 郑玄：《礼记注》，中华书局2021年版，第194页。
② 郑玄：《礼记注》，中华书局2021年版，第210页。
③ 王先谦：《荀子集解》，中华书局2022年版，第195页。

时，才能让百姓有充足的粮食，适当的捕捞才能让百姓有足够多的鱼鳖，适当的砍伐才能使林木资源得以长久利用。

二、虞衡生态管理制度

天人合一思想对中国古代的政治实践有着深刻的影响。古人把保护自然生态的观念上升为国家管理制度，具体表现为官职中虞衡制度的设立。早在先秦时期，古代统治者就设立了旨在保护自然资源和生态环境的官职和机构，由"三虞""三衡"等官员负责山林川泽事务的管理。

《周礼·天官·大宰》中记载："以九职任万民：一曰三农，生九谷；二曰园圃，毓草木；三曰虞衡，作山泽之材。"[1] 虞衡就是古代掌管山林川泽的官员，负责山林相关事务。

古代思想家认为山林水泽的管理与君王的统治有密切联系，因为山林川泽是出产柴薪的场所，也是出产牛羊等祭祀用物的所在，君王养育百姓与护爱百姓都需要依靠山林水泽。

"管子对曰……为人君而不能谨守其山林菹泽、草莱，不可以立为天下王。桓公曰：此若言，何谓也？管子对曰：山林菹泽草莱者，薪蒸之所出，牺牲之所起也。故使民求之，使民籍之，因以给之，私爱之于民，若弟之与兄，子之与父也。然后可以通财交殷也。"[2]

正因为山林川泽之于百姓的日用是不可或缺的存在，故而统治

---

[1] 郑玄注，贾公彦疏：《周礼注疏》，上海古籍出版社2023年版，第46页。
[2] 黎翔凤：《管子校注》，中华书局2020年版，第1335页。

第二章
天人合一的古代实践

者必须予以相应的管理以维护统治,同时又必须对百姓利用自然资源的行为有所控制和引导。

《周礼·地官·山虞》中记载:"山虞掌山林之政令,物为之厉而为之守禁,仲冬斩阳木,仲夏斩阴木,凡服耜,斩季材,以时入之,令万民时斩材,有期日,凡邦工入山林而抡材不禁,春秋之斩木不入禁,凡窃木者有刑罚。"① 山虞的职责就是管理和保护山林的野生动植物资源,对于违反管理规定、不遵循法定时节入山伐木者实施惩罚。另一个官职林衡的职责是巡视林木、保护森林。《周礼·地官·林衡》中记载:"林衡,掌巡林麓之禁令,而平其守,以时计林麓而赏罚之。若斩木材,则受法于山虞,而掌其政令。"② 林衡的职权隶属于山虞,林衡主要负责山麓的资源管理,而对于伐木相关政令,则听从山虞的安排。

"季夏之月……命泽人纳材苇……是月也,树木方盛,命虞人入山行木,毋有斩伐。"③ 夏日是草木长养的时节。因为夏季的蒲苇质地柔韧,故而命管理水泽的"泽人"取作器物。夏季蓬勃生长的树木,则不宜砍伐,故而命"虞人"进山巡视,以免有人砍伐正在生长的树木。

古代的官职是基于维护统治秩序、适应社会实际情况的需要而设定的,各个不同的部门既有各自的分工,也有相互间的配合。源自先秦时期的虞衡制度对古代各朝环保部门的设置具有深远影响,古

---

① 郑玄注,贾公彦疏:《周礼注疏》,上海古籍出版社2023年版,第590页。
② 郑玄注,贾公彦疏:《周礼注疏》,上海古籍出版社2023年版,第593页。
③ 郑玄:《礼记注》,中华书局2021年版,第216页。

读懂天人合一

代环保部门一方面要与水利、赈灾、交通等民生领域相关部门相互配合，促进生产、维持生态平衡；另一方面又需要与法制部门协同，禁止破坏生态的行为。正如学者对古代环保部门的分析："环境保护与其他领域具有内在的融合性。环境保护涉及社会诸多部门和领域，保护环境和治理环境问题是一个综合的系统工程。基于上述的认识，古代各朝将环保部门与相关部门统属于某一上级部门，比如周代，虞部直属于大司徒，秦汉之际归属少府，隋唐以后由工部统辖，所属的这些上级部门除负责环保禁令的发布以外，往往还兼管农林渔业、手工业、各项工程、屯田、水利、交通等与之相关的部门。这样设置的目的就是便于协调各部门的冲突，有利于环保目标的实现；同时也有利于各部门的配合以充分利用生态系统的规律。"①

农业生产与生态环境紧密相连，生态环境是农业赖以存在和发展的基础。尽管在大多数情况下，古人会遵循良好的习俗保护生态；但有时候也不乏少数人为了自身眼前的经济利益而从事危害生态利益的短视行为。破坏生态环境的行为产生的恶果影响了百姓的整体利益，也影响了国家的长治久安，统治者需要用虞衡等制度规范对生态的管理。

漫长的生产生活实践经验让古代人深刻意识到，生存所需的自然资源并非取之不尽、用之不竭。对于自然资源，人类需要进行合理的规划和利用。从维护生物多样性的角度而言，虞衡制度无疑是起到积极作用的。"古代的虞衡制度具有天人合一的智慧高度，把森

---

① 王少波、郑建明：《我国古代的环保法制及其对当代的启示》，《国际商务》（对外经济贸易大学学报）2007年第6期，第92页。

林和珍稀动植物作为国家资源来保护，同时与各地的名山寺院道观、村落宗族兴旺等密切相关，还具有严酷的惩罚手段来保证。正是由于顶层设计，在人与自然生命共同体（天人合一）的思想指导下，生物多样性保护落到实处，令人刮目相看。"[1] 虞衡制度也正是古人在追求合理利用自然资源背景下产生和完善的，目的在于规范百姓开发、利用自然资源的行为，制止和惩罚少数过度索取自然资源以致破坏生态环境的行为，维护社会发展所须依赖的长期生态利益，实现人与自然和谐共存的天人合一的理想状态。

---

[1] 李振基：《保护生物多样性，中国虞衡制度告诉了我们什么？》，中国新闻网，https://www.chinanews.com.cn/gn/2022/05-20/9759780.shtml. 最后访问日期2024年9月8日。

第二节　生态农业智慧的传承

古人经过漫长的农业生产实践，逐渐认识到客观环境的复杂性，并总结和传承了农业生产的规律性知识。这些认知经验总结十分强调农业生产要遵循"顺天之时"的天时和"因地而和"的地利，人们要在尊重自然规律的前提下，发挥主观能动性，从而实现农业生产的稳定性和可持续性。

一、"顺天之时，因地之和"的"趣时"智慧

"顺天之时，因地之和"是古人在农业生产领域追求天人合一的生动体现。它既强调尊重客观规律，顺应自然规律开展农业生产活动；又强调发挥人的主观能动性，根据时序安排耕作，或宜早或推迟，根据土壤性质的不同采取针对性的改良办法，提高作物产量。

氾胜之曰："凡耕之本，在于趣时。""春冻解，地气始通，土一和解；夏至，天气始暑，阴气始盛，土复解；夏至后九十日，昼夜分，天地气和；以此时耕田，一而当五，名曰'膏泽'，皆得时功。"《韩氏直说》云："凡地除种麦外，并宜秋耕。""秋耕之地，荒草自少，极省锄工。如牛力不及，不能尽秋耕者，除种粟地外，其余黍、豆等

地，春耕亦可。大抵秋耕宜早，春耕宜迟……此所谓顺天之时也。"①

在古人看来，耕种的基本原则就是"趣时"，顺应天时安排农业耕作。具体而言，秋耕要趁早，春耕应推迟。秋耕之所以要赶早，是因为要趁着天气未转冷，将阳和之气掩在土地中，这样禾苗就容易生长旺盛。而到了春天，天气尚冷，必须等待天气暖和、太阳升高之时才适宜耕种。

《齐民要术》记载："春，地气通，可耕坚硬强地黑垆土。轵平摩其块，以生草；草生，复耕之；天有小雨，复耕。和之勿令有块，以待时——（所谓'强土而弱之'也）……杏始华荣，轵耕轻土弱土。望杏花落，复耕；耕轵蔺之。草生，有雨，泽，耕，重蔺之。土甚轻者，以牛羊践之。如此则土强——（此谓'弱土而强之也'）。"②耕作是在土地上进行的劳作，要根据土壤的不同性质进行调和，既有"强土而弱之"的经验总结，也有"弱土而强之"的调节措施。土地的"强""弱"是自然状况，古人可以根据土壤的不同性质及不同用途进行相应的土壤改良，以满足农事的需要。这是古人认识自然、改造自然的表现。

二、"地力常新壮"的土壤改良智慧

天人合一思想在农业领域的影响是延绵长久、润物无声的。例

---

① 王祯撰，缪启愉、缪桂龙译注：《东鲁王氏农书译注》，上海古籍出版社2008年版，第36页。
② 贾思勰撰，石声汉校释：《齐民要术今释》，中华书局2022年版，第48页。

如，农业生产时，人们会积肥养地、精耕细作。中国的耕地之所以能在漫长的历史时期支撑人口的繁衍生息，保持地力的长久不衰，很重要的原因就在于古代劳动人民始终坚持利用自然肥料给农作物生长创造良好的土壤环境。

中国是世界农业史上最早使用肥料的国家之一。古代劳动人民经常使用的肥料是天然的粪肥，民间素有"惜粪如惜金""粪田胜如买田""用粪犹用药"等谚语广为流行。

对土地施肥，可以起到促进作物生长、提高粮食产量的作用。这是生活在中华大地的古人很早就懂得的农业生产规律。根据《诗经·周颂·良耜》记载的农事活动，古人发现绿肥能够起到改良土壤、促进植物繁茂的作用："其镈斯赵，以薅荼蓼。荼蓼朽止，黍稷茂止。"① 先秦时期的农民就已经意识到，黍稷等庄稼的生长茂盛与荼蓼等杂草的腐烂沤肥有关联。

《周礼·地官·司徒》中记载："草人掌土化之法以物地，相其宜而为之种。"② 东汉经学家郑玄对这句话进行了注释："土化之法，化之使美，若氾胜之术也。以物地，占其形色为之种，黄白宜以种禾之属。"③ 草人是周朝设置的官员，主要负责土地利用、土壤改良以及因地种植等事项，特别是以"土化之法"改良土壤，使土地适合种植。

根据北魏时期农学家贾思勰在《齐民要术》中引用晋朝人郭义恭《广志》的记载，古人很早就利用植物的根瘤提升土壤的肥力：

---

① 阮元：《十三经注疏》，中华书局2009年版，第1299页。
② 阮元：《十三经注疏》，中华书局2009年版，第1609页。
③ 郑玄注，贾公彦疏：《周礼注疏》，上海古籍出版社2023年版，第584页。

第二章
天人合一的古代实践

"苕,草色青黄,紫花,十二月稻下种之,蔓延殷盛,可以美田,叶可食。"[1] 古人已经认识到苕草的多重价值。例如,苕草的枝叶可以食用,翻耕后又可以作为稻田的冬绿肥,于是苕草在南方各地得到了广泛的种植。

今天的农业科学家对苕草在农业上的应用有了更加全面的认识和科学的分析。苕草属于豆科植物,越年生或多年生草本,其根系可以固定氮、磷、钾等营养元素。种植苕草的土壤翻耕后,这些营养元素会返归土壤,从而增强土壤的肥力。苕草的根系还可以起到疏松土壤、增加土壤通透性,从而达到改善土壤性状的作用。

随着农业耕种技术的代代积累和总结,古代农学家对于不同的增肥方法有了更为细致的总结和分析。《齐民要术》中记载:"凡美田之法,绿豆为上,小豆、胡麻次之。悉皆五、六月中穊种,七月、八月犁掩杀之,为春谷田,则亩收十石,其美与蚕矢、熟粪同。"[2]《齐民要术》对土壤的增肥方法进行了区分和评价,指出绿肥和粪肥、堆肥有相同的肥田效应,对于不同作用的绿肥效用进行了评判,认为最好是绿豆,其次是小豆和胡麻。

元代《王祯农书》中对四季不同的土壤增肥方法措施有了更为全面的分析和精细的分类:"春曰燎荒(如平原草莱深者,至春烧荒,趁地气通润,草芽欲发,根荄柔脆,易为开垦)。夏曰掩青(夏月草茂时开,谓之掩青,可当草粪。但根须壮密,须借强牛乃可,盖莫若春为上)。秋曰芟夷(其次秋暮,草木丛密时,先用锐刀遍地

---

[1] 贾思勰撰,石声汉校释:《齐民要术今释》,中华书局2022年版,第1108页。
[2] 贾思勰撰,石声汉校释:《齐民要术今释》,中华书局2022年版,第43页。

芟倒，暴干放火，至春而开根朽省功）。"①

古人总结不同季节的土地增肥方法也不同，"春曰燎荒"，对于平原地区，春季草木发芽，可以通过烧荒使草木变为绿肥；"夏曰稴青"，夏季草木茂盛之时翻耕青草，则可以获得草肥，但是由于植物的根须壮密，需要耕牛的辅助才能将草的根须完全掩盖；"秋曰芟夷"，草木丛密，需用铚刀割倒草木后再放火烧荒，等到春季再开垦则可以省力。根据草木生长的季节不同，垦荒措施也会不同。春夏秋虽各有不同的增肥方法，但都既能利用土地自生的草木增加土壤肥力，又能同时去除土壤中杂草的根茎，为农作物提供肥沃的土壤环境。

土地的肥力是农民赖以增产增收的基石和前提，保持土地肥力、积极养地的重要性不言而喻。在中国农学发展过程中，对于土壤的肥力出现了两种观点：一种主张"土敝力乏"说，认为田地耕种数年后会出现地力衰竭的状况；另一种主张"地力常新壮"说，认为通过合理的施肥养地，可以保持土壤的肥力。宋代农学家陈旉指出：或谓土敝则草木不长，气衰则生物不遂，凡田土种三五年，其力已乏。斯语殆不然也，是未深思也。若能时加新沃之土壤，以粪治之，则益精熟肥美，其力当常新壮矣，抑何敝何衰之有？②

陈旉的"地力常新壮"观点，可以说是天人合一思想在农业领域的经验总结与具体运用，也是与中国农业传统思想一脉相承的。天人合一思想是建立在人与天地万物是同源一体的认知之上的，认

---

① 王祯撰，缪启愉、缪桂龙译注：《东鲁王氏农书译注》，上海古籍出版社2008年版，第30页。
② 陈旉著，刘铭校释：《陈旉农书校释》，中国农业出版社2015年版，第57页。

为世间万物本来就是统一和谐的整体,在相互联系中不断变化,在相生相克中不断发展。在农业生产中,土壤的肥力既受制于自然,也有赖于人工干预。农民用粪肥、绿肥等积极改造土地的构成,增强土地的肥力,可以实现地力常新、增产增收,无疑是天人合一思想在农业生产中的生动体现。

三、共生互养的生态循环农业智慧

"万物各得其和以生,各得其养以成"[①]出自《荀子·天论》,体现了和实生物、万物并育的观点。在中国的农业发展史上,以桑基鱼塘为代表的生态循环农业体现了共生互养的农业智慧。

【案例】桑基鱼塘系统——全球重要农业文化遗产

2017年,我国浙江湖州"桑基鱼塘系统"通过了联合国粮农组织的专家评审,成为当年入选的13个全球重要农业文化遗产之一。

桑基鱼塘系统被认为是良性循环的典范。在同一片生态区域内,种桑、养蚕和养鱼相辅相成,桑地和池塘相得益彰,区域内的排泄物、塘泥等废弃物得到了高效合理的循环利用,化腐朽为神奇,形成了绿色环保的生态农业景观。

桑基鱼塘系统的产生与中国古人开发利用江南区域洼地的劳动实践密不可分,可以追溯到春秋战国时期。千百年来,江南地区的劳动人民通过修筑水利排灌工程,将地势较低且容易积水的洼地改

---

① 王先谦:《荀子集解》,中华书局2022年版,第365页。

读懂天人合一

造成为鱼塘，挖出的塘泥则堆放在鱼塘的四周作为塘基；随着时间的演进不断完善，逐步发展出"塘基种桑、桑叶喂蚕、蚕沙养鱼、鱼粪肥塘、塘泥壅桑"的桑基鱼塘生态模式。

古人在劳动中发现，相较于普通土壤，当桑树种在从塘底挖出的泥土里时，生长速度旺盛。另外，养蚕产生的蛹和蚕沙是就地取材的养鱼饲料。

这种生态鱼塘的发展模式能够有效应对雨季洼地经常容易发生的洪涝灾害，有利于形成良性生态循环农业系统。从土壤与水资源管理的角度而言，桑基鱼塘实现了系统内绿色循环利用，对周边生态而言可谓是零污染。它既保护了自然生态环境，又实现了农业产业的高效利用。

古人在劳动实践中发现并完善了桑基鱼塘生态模式，今天的我们用科学的方法分析古人的智慧，会有惊叹和称奇。"桑基鱼塘通过渗透作用，可以补充地下蓄水层的水源，对维持周围地下水的水位、保证持续供水具有重要作用，成为生产、生活用水的重要来源；桑基鱼塘中的大面积水面通过蒸腾作用能够产生大量水蒸气，从而提高周围地区的空气湿度，减少土壤水分蒸发，增加地表和地下水资源，有助于调节区域小气候，优化自然环境，对减少干旱等自然灾害十分有利。"[1]

桑基鱼塘成为具有世界影响力的一种农业生态系统，是实现人

---

[1] 张帆：《浙江湖桑基鱼塘系统：治水兴农的智慧结晶》（"全球重要农业文化遗产"系列报道④），人民网，http://zj.people.com.cn/n2/2023/1126/c186327-40655074.html，最后访问日期2023年11月26日。

第二章
天人合一的古代实践

与自然和谐相处、体现天人合一思想的典范。

浙江湖州桑基鱼塘系统利用不同生物间互生互养的原理，实现零污染、高效率的耕作和养殖，是体现中国古代生态农业智慧的生动写照，也是中国人民为世界可持续发展贡献的一套中国生态循环农业模式。翻阅古代典籍可以发现，充分利用生物间不同特性提高劳动生产效率，实现人与自然的和谐相处，是生活在中华大地上的劳动人民在开发利用洼地之际传承了悠久的农耕文化。

谈参者，吴人也，家故起农。参生有心算，居湖乡，田多洼芜，乡之民逃农而渔，田之弃弗辟者以万计。参薄其值收之，佣饥者，给之粟，凿其最洼者池焉，周为高塍，可备防泄，辟而耕之，岁之入视平壤三倍。①

谈参是吴地世代务农的农民，生活在鱼米之乡，十分善于观察。当地乡民因为洼地多而不愿意务农，转而以渔业为生，于是出现了大量荒芜的田地。谈参以很低的价格收购了这些无人耕种的土地，雇佣贫农以开荒，将低洼的地方改造成为鱼塘，鱼塘周围加高为塍，既可以防泄，也可以耕作，如此经营后，比普通的耕地收入高出三倍。

"池以百计，皆畜鱼，池之上为梁为舍，皆畜豕，谓豕凉处，而鱼食豕下，皆易肥也。塍之平阜植果属，其污泽植菰属，可畦植蔬属，皆以千计……视田之入，复三倍。"②

谈参经营的数百个池塘，全部用来养鱼；又在池塘之上搭建猪

---

① 李诩：《戒庵老人漫笔》，中华书局1982年版，第153页。
② 李诩：《戒庵老人漫笔》，中华书局1982年版，第153页。

舍以畜养猪。猪舍因筑于池上而有了降温效果，鱼又以猪的排泄物为食物，良好的生存环境让鱼和猪得以快速育肥，养鱼和养猪能相得益彰。在开垦好的田地里，平坦的地块用来种果树，污泽的地块用来种植菰米和茭白，有土埂围着的排列整齐的田地则用来种植菜蔬。谈参也因为善于经营、耕种田地而获得十分丰厚的收入。

在鱼猪结合的养殖模式中，鱼塘的水分自然蒸发起到降温效果，猪粪可以改变鱼的生存环境，猪粪尿可以种菜，这是古代生态农业的一个成功范例。

如果用今天的农业科学知识分析古人谈参的生态农业案例，可以说古人的实践是与现代农业科技环保理念内在相通的。猪粪发酵后改变了池塘的水质，氮含量增加后促进了池塘中浮游生物数量的增长，使鱼的生长获得充足的育肥，同时利用肥水改变土壤结构，形成猪—鱼—菜的复合生态系统。猪—鱼—菜结合的生态养殖种植不但化解了猪粪污染环境的问题，而且化废为宝，改变了池塘水质和土壤结构。在同一个生态区域完成养鱼、养猪、种菜，大大节约了运输费用，实现了生态效益和经济效益的统一。

无论是古代谈参的鱼猪结合的生态养殖，还是桑基鱼塘的复合农业生产模式，都展示了人与自然和谐共生的天人合一智慧，对促进农业的可持续生产和生态治理具有示范意义。

第三节　植树护林的传统

一、天人合一与古代植树文化

人类的生存和发展离不开对自然资源的利用,"天人合一、万物并育的生态理念"体现了中华民族尊重自然、顺应自然规律、合理利用自然资源的文化传统。人与林木、动物等生物资源是共生共存的关系,在利用自然资源的同时需要维持着整个生态系统的平衡。

以林木资源为例,古人的生产生活与林木息息相关,利用林木资源的方式多种多样。首先,木材是古代建筑的主要材料,房屋建造,家具、农具的制作,都需要大量的木材;其次,林木资源还是古代不可或缺的燃料;最后,桑树等林木还有具有独特的经济价值。林木资源在古代社会中有较高的价值,用途也很广泛,人们生活的方方面面都离不开林木。在漫长的历史进程中,人们形成了植树护树的传统。植树造林不仅是出于对自然的敬畏和保护,同时也起到了改善生态环境、促进农业生产和防灾减灾的作用。

当代学者总结了中国古代植树造林的三个价值取向,分别是"以固其地""以为民资""以时种树"。"以固其地"体现了中国古人对植树造林社会功能的认识;"以为民资"体现了中国古人对植树造林经济效益的认识逐步加深，植树主动性逐渐提高和有意识地选择树种；"以时种树"，既是中国古人对植树技术的总结，也是历代统治者对植树造林的制度性安排。①

二、宋代鼓励植树的环保措施

从中国法治史的经验而言，以法律的形式鼓励全民植树造林、护树护林的行为，惩治滥伐树木、破坏森林的违法行为，是古已有之的中华法律传统。

"课民种树，定民籍为五等，第一等种杂树百，每等减二十为差，桑枣半之；男女十岁以上种韭一畦，阔一步，长十步；乏井者，邻伍为凿之；令、佐春秋巡视，书其数，秩满，第其课为殿最。又诏所在长吏谕民，有能广植桑枣、垦辟荒田者，止输旧租；县令、佐能招徕劝课，致户口增羡、野无旷土者，议赏。诸州各随风土所宜，量地广狭，土壤瘠墝不宜种艺者，不须责课。遇丰岁，则谕民谨盖岁，节费用，以备不虞。民伐桑枣为薪者罪之：剥桑三工以上，为首者死，从者流三千里；不满三工者减死配役，从者徒三年。"②

宋太祖按照民户的等级规定每家每户的种树数量，把百姓分为五等，每个等级的种树数量各不相同。同时下令凡是有广植桑枣、垦辟荒田之人，可以不缴纳田租。对于官吏也提出了奖励措施，将

---

① 黄海涛：《中国古代植树造林的价值取向、保障措施及当代启示》，《北京林业大学学报（社会科学版）》2024 年第 2 期，第 109 页。

② 脱脱：《宋史》，中华书局 1977 版，4157—4158 页

第二章
天人合一的古代实践

推广种树的效果与官员的晋升联系起来，对善于劝百姓植树开荒、扩大人口规模的官吏，予以奖赏。

宋太祖建隆年间的诏令，将百姓种植桑枣开荒的效果纳入政绩考核指标，"百姓能广植桑枣开荒田者，只纳旧租。令、佐能劝课种植，加一阶"①。此诏下后效果明显，地方官员积极发展农桑，形成了重视开荒种树的良好社会风气。

后人所熟知的一些宋代文人对于种树十分投入，也是当时社会重视种树氛围的体现。例如，苏东坡就在《戏作种松》一诗中咏道："我昔少年日，种松满东冈，初移一寸根，琐细如插秧。二年黄茅下，一一攒麦芒。三年出蓬艾，满山散牛羊。不见十余年，想作龙蛇长。"②苏东坡还将自己多年种植松树的经历用生动的笔墨记录下来，后被清代官修的大型综合性农书《授时通考》收录。

"十月以后，冬至以前，松实结熟而未落，折取并弆收之竹器中，悬之风道，未熟则不生，过熟则随风飞去，至春初，敲取其实，以大铁锤入荒茅地中数寸，置数粒其中，得春雨自生，自采实至种，皆以不犯手气为佳，松性至坚悍，然始生至脆弱，多畏日与牛羊，故须荒茅地，以茅阴障日。若白地，当杂大麦数十粒种之，赖麦阴乃活，须护以棘，日使人行视，三五年乃成。五年之后，乃可洗其下枝使高，七年之后，乃可去其细密者使大，大略如此。"③

苏东坡不但热衷种树，还对植物的特性进行了深入的研究。例

---

① 王应麟辑：《玉海》，广陵书社 2007 年版，第 1442 页。
② 《苏东坡全集》，中华书局 2023 年版，第 358 页。
③ 马宗申：《授时通考校注》第四册，中国农业出版社 1995 年版，第 66 页。

如，对松树种植之初状态，他这样描写："松性至坚悍，然始生至脆弱。"他还生动地描述了松树在种植的初期要以特殊的方式栽培和保护，"多畏日与牛羊，故须荒茅地，以茅阴障日"，既要用茅草遮掩松树以避阳光，也要防止牛羊的啃食。

2014年开始，国家林业和草原局森林和草原病虫害防治总站在全国范围内开展了"美丽中国——人文古树保健行动"，河北定州市博物馆内的"东坡双槐"入选"中华人文古树保护名录"。北宋元祐八年（1093年），苏东坡被任命为定州知州。在任职期间，苏东坡种下了两棵槐树，被后人称为"东坡双槐"。岁月悠悠，当年苏东坡种下的两棵小树苗已是千年古树，千百年来一直受到当地人的守护，这也见证了中国人对天人合一生态智慧的世代传承。

第四节 水利生态保护与治理

一、天人合一与古代水利生态保护文化

水利生态保护蕴含着两重意义：一方面，对水资源的利用要顺应自然规律；另一方面，水利设施应服务于生产生活的需要。回溯历史可以发现，天人合一思想在水利生态保护领域中得到了淋漓尽致的体现。

中华民族的繁衍发展和水利生态保护密不可分，大禹治水改"堵"为"疏"的传说至今为世人传唱，历经两千多年依旧造福四川人民的都江堰工程被认为是天人合一的典范。都江堰是我国古代的代表性水利工程，它之所以造福千载而不辍，正是基于对自然生态规律的深刻认识和把握。都江堰利用出山口处特殊的地形和水势，通过鱼嘴分水，飞沙堰泄洪，宝瓶口控制流量，实现无坝引水进入成都平原，统筹解决供水、防洪、排沙等问题。工程运行坚持"四六分水"的原则，即丰水期内江进水量约四成，外江进水量约六成；枯水期内外江分水比例调转。这就保证了丰枯期的内外江水量都不小于40%，从而有效保障了岷江干流的生态流量。[1]

---

[1] 陈茂山：《从古代治水实践中汲取生态智慧》，《人民日报》2024年7月15日。

类似于都江堰的水利生态保护工程还有很多，如位于福建莆田的木兰陂和位于新疆吐鲁番的坎儿井等，都是古代劳动人民因地制宜利用和改造自然的典范。围绕古代水利生态保护的历史经验，本节以杭州西湖的水利保护和生态治理为例展开讨论。

杭州西湖原本是地质作用形成的潟湖，围绕这个天然湖泊留下了无数动人的诗篇和故事，人文气息与山水景观融为一体。与西湖有类似地质结构的天然湖泊也曾存在于江南其他区域，如曾多次出现在唐代诗人篇章中的杭州临平湖，但是由于生态环境的变迁，包括临平湖在内的许多湖泊都消失在历史中。西湖作为潟湖能够经历数千年而未淤塞湮没，可以说是一个奇迹。西湖是大自然的馈赠，蕴含着中国的人文历史，千百年来，杭州百姓守护和治理西湖的历史也是水利生态保护的生动体现。

江南的天然湖泊自古以来面临着沼泽化的问题，《三国志·吴书》记载，天玺元年（276年），临平湖的沼泽化问题就引发了当时吴国朝堂君臣的讨论："吴郡言临平湖自汉末草秽壅塞，今更开通。长老相传：此湖塞，天下乱；此湖开，天下平。"[1]

汉代末年，临平湖就面临着杂草疯长、壅塞湖泊的困境，能否有效治理湖泊的"草秽壅塞"问题也被认为是检验天下是否安定的标志。唐代的临平湖依旧有莲藕船影的诗意画境，诗人顾况游览后留下诗篇《临平湖》："采藕平湖上，藕泥封藕节。船影入荷香，莫冲莲柄折。"[2] 让今天的我们感到十分遗憾的是，曾经与西湖一样拥有

---

[1] 陈寿撰，裴松之注：《三国志》，中华书局2024年版，第977页。
[2] 《全唐诗》，中华书局1992年版，第2953页。

第二章
天人合一的古代实践

久远历史、被写下灿烂诗篇的临平湖却只存在于古籍的记载中和人们的想象中。西湖能够成为见证人与自然和谐共生成功范例的千古名湖,值得我们探究其中的深层原因。

天然湖泊既需要生于斯长于斯全体百姓的共同守护,也需要为政一方、守土有责的官员顺应自然规律和民生需要的有效治理。保护和治理天然湖泊是一个系统性的长期工程,白居易、苏东坡都是主政杭州、治理西湖的代表性历史人物。从白、苏两位先贤守护西湖的故事中,我们可以更深刻地理解天人合一思想在古代实践中的应用与发展。

二、白居易、苏东坡对西湖的生态治理

白居易治理杭州时,时刻心系百姓。他想到税收沉重而百姓多贫困时,便潸然泪下。824 年约五月末,他离开杭州时,杭州的父老乡亲依依不舍,白居易写下了诗歌《别州民》:

> 耆老遮归路,壶浆满别筵。
> 甘棠无一树,那得泪潸然。
> 税重多贫户,农饥足旱田。
> 唯留一湖水,与汝救凶年。[①]

白居易在《钱塘湖石记》中记载了治理西湖的情形,全面讲述

---

① 白居易著,谢思炜校注:《白居易诗集校注》,中华书局 2023 年版,第 1663 页。

了疏井引水的必要性和执行具体过程。通过白居易治理西湖的事迹，我们可以对古代水利生态保护有更为深刻的理解。

白居易治理西湖是在前人的基础上进行的，此人就是在四十年前担任杭州太守的李泌。曾任宰相的李泌在主政杭州期间，为了方便城内百姓饮水，主持开凿杭州六井，引湖水入城，"自唐李泌始引湖水作六井，然后民足于水，井邑日富，百万生聚，待此而后食"①。这一利民便民的工程取得了良好的效果。但是随着时间的推移，当白居易到杭州为官时，与湖相通的六井早已被埋塞了。"其郭中六井，李泌相公典郡日所作，甚利于人，与湖相通，中有阴窦，往往埋塞，宜数察而通理之。"②

为了解决西湖治理的相关问题，白居易实地走访考察，对西湖的民生经济、水情地理、生态环境都进行了分析。"大抵此州春多雨，夏秋多旱，若堤防如法，蓄泄及时，即濒湖千余顷田，无凶年矣。自钱唐至盐官界，应溉夹官河田，须放湖入河，从河入田，准盐铁使旧法，又须先量河水浅深，待溉田毕，却还本水尺寸，往往旱甚，即湖水不充。今年修筑湖堤，高加数尺，水亦随加，即不啻足矣。脱或不足，即更决临平湖，添注官河，又有余矣。虽非浇田时，若官河干浅，但放湖水添注，可以立通舟船。"③

多年以来西湖得不到有效治理，淤积严重，白居易总结的主要原因有三个方面。一是行政审批效率低，没有及时解决百姓关切的

---

① 《苏东坡全集》，中华书局2023年版，第1490页。
② 《白居易全集》，上海古籍出版社1999年版，第942页。
③ 《白居易全集》，上海古籍出版社1999年版，第942页。

第二章
天人合一的古代实践

灌溉问题。灌田时，先必须另外选派勤于公务的两个军吏，一人站在田边，一人站在湖边。他们与本地主管部门及田主根据农田亩数，确定好日期时间，量好尺寸，在规定季节与期限内放水。如遇当年天旱，百姓请求放水，就必须让他们通过州府向刺史陈述情况，自己随即在文书上画押签字后亲自交给主管部门，当天就可给水。如果等待陈述情况的文书送到司，司下文告到县，县传送到乡，乡再派人让具体主管部门办理，来来去去就要经过十多天，即使有了水，干涸的农田里的禾苗也等不及了。二是本地秋天多干旱而春季多雨水，湖水蓄水量不足，西湖沿岸的旧堤并不足以蓄洪泄洪。三是有人不守法纪，私自占据湖域，通过种植茭菱或水产养殖牟利，也还有的人擅自引水灌溉私田。①

在调研的基础上，白居易制订了系统的西湖治理方案，包括疏浚六井、筑牢堤坝蓄水等具体措施。当时有些人出于自身的利益，找出种种理由加以反对。例如，有人主张迷信的观点，认为决放湖水会不利于钱塘县官，有人就此称决放湖水会导致鱼龙无处栖身，也有人担心会影响城内的生活用水。"俗云：'决放湖水，不利钱唐县官。'县官多假他词以惑刺史。或云'鱼龙无所托'，或云'茭菱先其利'……又云放湖即郭内六井无水'。"②

对于这些并无事实根据但是混淆视听的说法，白居易在分析研判的基础上予以说明与反驳。放湖水是为了便利百姓的生活，若因不利于县官之说不放水，无疑是对百姓不负责的。"且鱼龙与生民之

---

① 《白居易全集》，上海古籍出版社1999年版，第942页。
② 《白居易全集》，上海古籍出版社1999年版，第942页。

命孰急,茭菱与稻粱之利孰多,断可知矣。"① 鱼龙与百姓的生命相比哪个更加急迫,对于百姓而言,茭白、菱角与稻粱相比,哪个更有长远价值,这些无疑是众人皆知的道理。②

"即湖水不充,今年修筑湖堤,高加数尺,水亦随加,即不啻足;脱或不足,即更决临平湖,添注官河,又有余矣。"③ 白居易认为,如果湖水不充足,当年就修筑湖堤,增高几尺,湖水也随之增加,这样水量不就充足了吗;倘若湖水不充足,就决开靠近平湖的堤岸,让官河的水流入,以增加水量,这样一来,水又富余了。

白居易认为,灌田与蓄井水供居民饮用并不冲突,两者完全可以兼顾。"且湖底高,井管低,湖中又有泉数十眼,湖耗则泉涌,虽尽竭湖水,而泉用有余。况前后放湖,终不至竭,而云'井无水',谬矣。"④ 西湖的湖堤加高了,蓄水量也增大了。从水源的角度而言,湖中尚有数十个泉眼,十分充足。考虑到地势特点,井管的地势较低,湖底的地势较高,湖水耗损了而泉水却涌了出来,所谓井无水的担忧并不可能存在。

在调研的基础上,白居易克服了种种困难和外界压力,在李泌建井的基础上,全面着手启动引湖疏井的工程,包括筑堤蓄水,疏浚西湖,扩大蓄水量,疏浚六井解决饮水问题,等等。

在推进生态工程的同时,白居易严肃法纪,对灌溉系统的笼

---

① 《白居易全集》,上海古籍出版社1999年版,第942页。
② 《白居易全集》,上海古籍出版社1999年版,第942页。
③ 《白居易全集》,上海古籍出版社1999年版,第942页。
④ 《白居易全集》,上海古籍出版社1999年版,第942页。

第二章 天人合一的古代实践

（用竹筒连接起来的灌溉水管）进行规范管理。"湖中有无税田约十数顷，湖浅则田出，湖深则田没。田户多与所由计会，盗泄湖水以利私田。其石函南筧并诸小筧闼，非浇田时，并须封闭筑塞，数令巡检，小有漏泄，罪责所由，即无盗泄之弊矣。"①通过以上记载可知，白居易为了防止盗泄湖水谋私，安排巡检官员严格执法，解决盗泄湖水的问题。

白居易的系统治理解决了杭州城百姓的饮水问题，西湖生态也得以修复。

孤山寺北贾亭西，水面初平云脚低。
几处早莺争暖树，谁家新燕啄春泥。
乱花渐欲迷人眼，浅草才能没马蹄。
最爱湖东行不足，绿杨阴里白沙堤。②

这是白居易的《钱塘湖春行》，诗中的描绘体现了古人追求天人合一的生态智慧。

北宋元祐四年（1089年），苏东坡被任命为杭州知州。由于多年以来西湖没有得到良好的维护治理，此时的西湖不复往日的美景如画，而是湖水干涸，葑草在湖中无序生长。"杭州之有西湖，如人之有眉目，盖不可废也。"③苏东坡将杭州有西湖比喻为人之有眉

---

① 《白居易全集》，上海古籍出版社1999年版，第942页。
② 白居易著，谢思炜校注：《白居易诗集校注》，中华书局2023年版，第1481页。
③ 《苏东坡全集》，中华书局2023年版，第1490页。

目。面对凋敝景象的西湖，苏东坡十分痛心，担心二十年后再无西湖，于是向皇帝和太皇太后上奏《杭州乞度牒开西湖状》，陈述西湖治理面临的困境："自国初以来，稍废不治，水涸草生，渐成葑田。熙宁中，臣通判本州，则湖之葑合，盖十二三耳。至今才十六七年之间，遂堙塞其半。父老皆言十年以来，水浅葑横，如云翳空，倏忽便满，更二十年，无西湖矣。使杭州而无西湖，如人去其眉目，岂复为人乎？"①

西湖的水利工程不仅关系到重现昔日美景，更关系到杭州百姓的民生福祉。治理西湖的关键在于疏浚淤积，疏浚西湖是一个系统性的工程，其中十分关键的一点在于，如何及时清理产生的大量淤泥。苏东坡派人清理湖上淤积的葑田："辄已差官打量湖上葑田，计二十五万余丈，度用夫二十余万工。"②如果放置的地点太远，必然会增加工期，加重百姓的负担。如果就近放置，则难以找到合适的地方。苏东坡经过调查研究和多方征求意见，制订了兼顾实用性与审美性的解决方案。由于杭州赤山土的含铁量高，于是就近取赤山土与淤积的葑泥进行搅拌，用淤泥筑一条横跨西湖南北的长堤。化淤泥为长堤，为淤泥的处置找到了完美的解决办法，同时解决了西湖南北交通的问题，创造性地为游人筑起了行走于西湖湖中央赏景的路径。

此事涉及水利，攸关民生，苏东坡十分重视，先后向朝廷上奏《杭州乞度牒开西湖状》和《申三省起请开湖六条状》，请求开

---

① 《苏东坡全集》，中华书局2023年版，第1490页。
② 《苏东坡全集》，中华书局2023年版，第1491页。

第二章
天人合一的古代实践

浚西湖。得到朝廷批准后，他立即亲临工地，发动数万人挖淤泥、除葑草。

为了避免葑草再次滋生导致淤积，同时为了给西湖沿岸的农民提供生计，苏东坡还将岸边的湖面租给农民种植菱角。农民租借水面种菱角可以获得收入，这无疑是一件好事。为了维护生态环境，苏东坡下令承租的农民必须在自己承包的湖面按期除草以免淤积。可以说，古代对西湖的治理是一个综合性的生态工程。苏东坡对西湖的疏浚治理兼顾社会长远的生态利益和沿岸百姓民生经济利益，既解决了葑田淤积的生态难题，又提供给沿岸百姓租种增收的机会。苏东坡的治理为后世留下了苏堤春晓等西湖美景，可以说是古代环境治理的佳话。

"自来西湖水面，不许人租佃，惟菱葑之地方许请赁种植。今来既将葑田开成水面，须至给与人户请佃种菱。深虑岁久人户日渐侵占旧来水面种植，官司无由觉察，已指挥本州岛候开湖了日，于今来新开界上立小石塔三五所，相望为界，亦须至立条约束。今来起请，应石塔以内水面不得请射及侵占种植，如违，许人告，每丈支赏钱五贯文省，以犯人家财充。……湖上种菱人户，自来禽割葑地，如田塍状，以为疆界。缘此即渐葑合，不可不禁。今来起请应种菱人户，只得标插竹木为四至，不得以禽葑为界，如违，亦许人铲赁。"①

苏东坡把西湖湖面租给湖畔群众种菱，是经过细致调研考察和周密思考后的决策。从科学的角度分析，葑草是一种生命力十分顽

---

① 《苏东坡全集》，中华书局2023年版，第1491页。

强的杂草，西湖水又比较浅，葑草在湖底的生长速度非常快，仅靠简易的拔除或者修剪并不能根除葑草。如果没有根除的办法，两三年后葑草又会占据整个湖面。"盖西湖水浅，茭葑壮猛，虽尽力开撩，而三二年间人工不继，则随手葑合，与不开同。"①

苏东坡深入考察，虚心向当地群众请教，希望能够找到解决葑草问题的办法。当地的农民告诉苏东坡，只要农历八月的时候断了葑草的根部，就可以断绝葑草复生的可能性。苏东坡利用梅雨季节葑草根部浮动的特点，及时铲除葑草。"浙中梅雨，葑根浮动，易为除去。及六七月大雨时，行利以杀草芟夷蕴崇使不复滋蔓。又浙中农民皆言：八月断葑根，则死不复生。"②

苏东坡对西湖的治理理念是系统性的。断除葑草是治理西湖湖面第一步，如果没有后续措施，葑草难免会有卷土重来的可能性，要标本兼治则必须以另外一种植物代替葑草。"窃见吴人种菱，每岁之春，芟除涝漉，寸草不遗，然后下种。若将葑田变为菱荡，永为茭草堙塞之患。今乞用上件钱米，雇人开湖，候开成湖面，即给与人户，量出课利，作菱荡租佃。获利既厚，岁岁加功，若稍不除治，微生茭葑，即许人划赁。但使人户常忧划夺，自然尽力，永无后患。"③

苏东坡的举措与当代的环保理念是十分契合的。他发现种植菱角可以抑制葑草的生长，生态效果良好，也能为当地农民增加收入，

---

① 《苏东坡全集》，中华书局 2023 年版，第 1496 页。
② 《苏东坡全集》，中华书局 2023 年版，第 1491 页。
③ 《苏东坡全集》，中华书局 2023 年版，第 1496 页。

第二章
天人合一的古代实践

实现了生态效益和社会效益的统一。苏东坡疏浚西湖、以菱抑葑、促进农民增收的举措,是天人合一思想在水利生态领域的应用,也为今天的生态建设和经济发展提供了有益启示。

第五节 传统民居的环保理念

一、天人合一与古代建筑文化

天人合一思想对古代建筑文化和养生文化有着深刻的影响。古人追求人的内在健康与外在环境的协调，十分关注身体与季节气候以及居住环境的关系。《黄帝内经》就论述了天气变化与身体保健的内在联系："阴阳四时者，万物之始终也，死生之本也，逆之则灾害生，从之则苛疾不起。"[1] 为了配合养生观念，古人对于居住环境的选择和建筑结构的设计也十分考究。例如，注重居住场所与环境的内在协调，对建筑位置的布局、建筑材料的选择、工程进度的把握等诸多方面都有充分、细致的考虑。中国南方多数地区属于亚热带季风气候，湿润多雨，传统建筑中经常出现的"天井"，就是天人合一思想在古代建筑中体现。

中国著名建筑学史家梁思成曾经总结中国建筑的九大基本特征，天井是体现中国建筑独特体系所不可或缺的构造之一。"在平面布置上，中国所称为一'所'房子是由若干座这种建筑物以及一些联系性的建筑物，如迴廊、抱厦、厢、耳、过厅等等，围绕着一个或者

---

[1]《黄帝内经素问·上》（影印本），人民卫生出版社2015年版，第18页。

若干个庭院或天井建造而成的。"①

在中国传统的建筑中,各个部分的构思都是服务于建筑的整体。从审美的角度而言,每个建筑部分是建筑艺术的美学呈现;从更本质的实用性角度而言,每个建筑部分都需要体现其实用价值。天井在中国古代建筑中广泛使用,具有突出的历史文化价值,究其本质而言,乃是符合南方居民的实际生活需要。

通常而言,夏季,江南地区潮湿多雨,天井可以通风、降温、收集雨水、采光等。天气炎热时,室内室外温度有差异,天井可以起到类似于空调调节温度的作用。天井作为传统建筑元素之一,既满足了南方百姓日常的居住需求,也体现了人与自然和谐共生的哲学思想。

二、传统建筑天井蕴含的生态智慧

今天的科研人员用"烟囱效应"很好地解释了天井的室温调节效果:"夏季室外温度高、风速低,为热压通风降温提供了良好的自然条件。天井上部开口受太阳直接辐射,温度高;其底部不受太阳直射,得热少。天井顶部空气受热后密度降低,从而向上运动,使底部形成负压区。在压差作用下,底部空气不断上升,天井四周房屋内温度高的空气则会源源不断地涌入天井内,对底部空气进行补

---

① 梁思成:《中国建筑的特征》,《建筑学报》1954年第1期,第36页。

充,从而形成自然通风。"①

在中国南方地区,经常会看到院内天井的下方往往还放置着一个大的石缸,缸中满水,鱼虾和花草相映成趣。从审美的角度而言,水缸中养花养鱼,赏心悦目。从实用的角度而言,在突发火灾的情况下,又可以紧急利用水缸里的水来灭火。除此之外,在夏季,石缸里的水自然蒸发后可以冷却空气,起到了良好的降温作用。水缸附近种植的爬藤植物或者草本植物能起到遮阴的作用;同时,植物叶片的水分蒸发,能起到降温的作用。

除了调节室温外,天井还能调节光线。光线经由天井射入民居,经过光的折射作用,原本炫目的光线变得柔和,给身居屋中的人以舒适、安宁之感,这种契合天人合一思想的建筑空间设计可以让居住者真切感受到"家"的静谧与温馨。

【案例】天井的当代应用价值

早在数十年前,就有研究中国传统建筑的专家指出,中国的建筑不能全盘照搬西方国家的建筑模式和规划经验,而要根据中国的气候特征与生态环境进行综合考虑,充分借鉴和汲取中国古代的建筑经验之所长,古为今用,造福于民。

"在南方,全盘搬用西方高纬度国家的住宅筑方式与规划手法,其不能适应地方情况与满足要求,是显而易见的。南方的住宅建筑,应以我们的传统为基础,弃其糟粕,取其精华,加以革新发展,造新

---

① 李娟:《天井对徽州传统民居室内热环境影响》,《武汉工程大学学报》2014年第9期,第12页。

第二章
天人合一的古代实践

的有浓厚地方风格的南方住宅建筑,是我们建筑工作者共同努力的方向。于住宅建筑中设置天井,即所谓天井式住宅,是我们优良传统的处理手法之一。带有天井的住宅,无论在防热与降温,使用与经济等几个方面,都有一定的好处,也为南方人所习惯使用,优点很多。特别在降低居室气温、增加凉快舒适方面,有着显著的实效。这就在一定程度上解决了南方住宅建筑中最主要的问题——夏季的自然降温问题。所以,天井在南方住宅建筑中,有其特殊的现实意义。"[1]

天井在不使用电力的情况下可以为建筑物降温,又在柔和光线、植物景观、净化空气、扩大采光、改善通风等诸多方面契合绿色低碳的环保理念。千百年来,有天井的房屋曾遍及江南、岭南和海南。随着西方现代建筑技术和理念的引进,最近几十年,天井作为一种传统设计经常被现代工程师所遗忘。天井的设计和应用,使得房屋能够更好地与外在环境连接。天井不仅体现了古人对居住环境的追求和智慧,还反映了古人对空间、光影以及人与自然和谐共处的深刻理解。随着中国传统建筑文化的复兴,天井蕴含的天人合一思想得到更多借鉴和运用,天井的设计元素也将会受到更多年轻人的关注。

无论是政府管理部门、建筑从业人员,还是城乡居民,都在为推动建设节约资源、实现人与自然和谐共生的绿色建筑而努力。相信以天井为代表的传统建筑元素,可以为人类建筑业的发展和提倡绿色环保的生存理念提供有益的启示。

---

[1] 陈伯齐:《天井与南方城市住宅建筑——从适应气候角度探讨》,《华南工学院学报》1965年第4期,第18页。

第六节　古代山岳的生态保护

一、天人合一与古代山岳文化

　　源远流长的山岳文化是中华传统文化的重要组成部分，数千年来一直受到古人重视与传承。山岳不仅仅作为自然地理而存在，同时积淀和传承了悠久的文化记忆。山岳文化起源于上古时期人们对原始山体的自然崇拜，在漫长的历史过程中古人的活动又重塑了山的面貌，赋予其丰富的文化内涵。昆仑山、泰山、华山等诸多享誉天下的名山是古代祭祀文化的重要载体，《礼记》记载："故祭帝于郊，所以定天位也。祀社于国，所以列地利也。祖庙，所以本仁也。山川，所以傧鬼神也。五祀，所以本事也。"[①] 祭祀是国之大事，山川是关系国家社稷的重要场所，祭祀山川则与中国古代的治国理念有密切联系。

二、古代山岳的环保理念与实践

　　秦始皇统一六国后，曾经登临泰山祭祀。《史记》记载，秦始皇"上泰山，立石，封，祠祀。下，风雨暴至，休于树下，因封其

---

① 郑玄：《礼记注》，中华书局2021年版，第305页。

树为五大夫"①。汉武帝也曾多次登临泰山,与泰山的草木渊源颇深。郦道元在《水经注》中引用《从征记》所记载的汉武帝种柏树一事:"《从征记》曰:泰山有下、中、上三庙,墙阙严整,庙中柏树夹两阶大二十余围,盖汉武所植也。"②

汉武帝下诏禁止砍伐中岳嵩山地区的草木,是对古代祭祀文化的传承和尊重。《汉书》记载:"朕用事华山,至于中岳,获驳麃,见夏后启母石。翌日,亲登嵩高,御史乘属,在庙旁吏卒咸闻呼万岁者三。登礼罔不答。其令祠官加增太室祠,禁无伐其草木。以山下户三百为之奉邑,名曰崇高,独给祠,复亡所与。"③从客观上讲,"禁无伐其草木"的诏令也保护了嵩山的自然环境。

宋真宗在大中祥符元年(1008年)封禅泰山,也下令要保护泰山及附属神山社首山、徂徕山附近的生态,禁止樵夫砍伐林木。"诏泰山四面七里禁樵采,给近山二十户以奉神祠。社首、徂徕山,并禁樵采。"④

对泰山等具有悠久历史和深厚人文精神的山岳的保护,既继承了守护山岳的传统,也与当代中国人植树护林的时代精神相契合。

---

① 司马迁:《史记》,中华书局2014年版,第311页。
② 郦道元著,陈桥驿校证:《水经注校证》,中华书局2007年版,第580页。
③ 班固:《汉书》,中华书局2023年版,第164页。
④ 脱脱:《宋史》,中华书局1977版,第2486页。

第三章

马克思主义生态观与天人合一的契合性

第三章
马克思主义生态观与天人合一的契合性

中华优秀传统文化中天人合一思想与马克思主义的"人与自然和谐相处",都强调自然界的运动变化有其客观规律,人类应遵循自然界固有规律,与自然界共生共荣。作为马克思主义基本原理同中国生态文明建设实践相结合、同中华优秀传统生态文化相结合的重大成果,习近平生态文明思想不仅弘扬马克思主义的实践价值,还汲取了中华文明深厚的生态智慧,对天人合一等中华优秀传统生态文化进行了创造性转化与创新性发展,具有深厚的理论依据、文化底蕴。习近平总书记将天人合一的生态自然观升华为"人与自然和谐共生"的生态哲学观,创造性地提出"人与自然是生命共同体"等重大论断,发出"共建地球生命共同体"等全球倡议,赋予中华优秀传统生态文化以新的时代内涵,为共谋全球生态文明之路提供了中国智慧和中国方案。生态兴则文明兴,生态衰则文明衰。如果不重视生态保护,再辉煌灿烂的文明也会因失去家园而消亡。曾与中华文明并列为古代四大文明的古埃及文明、古巴比伦文明,其消失的一大原因就是生态环境被破坏。从这个意义上来说,天人合一的生态理念,不仅深深影响着中华民族的永续发展,还在塑造中华文明突出的连续性、创新性、统一性、包容性、和平性等方面发挥了至关重要的作用。我们要坚持以习近平生态文明思想为指导,汲取中华优秀传统文化中蕴含的生态智慧,使之在"第二个结合"中不断焕发新的文化生机,充分发挥其在推动建设人与自然和谐共生的现代化中的积极作用。

第一节　天人合一思想中的生态文明观

最初的自然界是"作为一种完全异己的、有无限威力的和不可制服的力量与人们对立的……人们就像牲畜一样慑服于自然界"[1]，到如今人们疯狂地征服自然、掠夺自然，以致人与自然之间的关系日益紧张，最终导致生态危机。人们不断地反思自身，可以说"人们的生活必然要受到大自然的影响，必然要与自然环境发生冲突；自从哲学诞生之日起，这一事实就引起人们无尽的思考"[2]。在工业化和现代化的浪潮下，人与自然的和谐关系日益紧张，生态环境问题已经成为全球性难题，这促使我们重新审视天人合一的哲学思想，并探索其在当代的应用价值与实践路径。

天人合一作为中华优秀传统文化的重要理念，其本质在于对自然与宇宙的深刻理解，强调人与自然的内在一致性与和谐共处。思考天人合一的生态文明意蕴，不仅是对文化传统的回顾，更是对人与自然关系的本质的深刻探讨与探索。这一古老的哲学理念植根于中华文化的深厚土壤，为我们提供了一种独特的视角，以审视当今

---

[1]《马克思恩格斯文集》第1卷，人民出版社2009年版，第534页。
[2]［美］霍尔姆斯·罗尔斯顿：《环境伦理学》，杨通进译，许广明校，中国社会科学出版社2000年版，第1页。

第三章
马克思主义生态观与天人合一的契合性

社会所面临的生态危机,以及如何在快速发展中维护人与自然的和谐共存。因此,"天人合一"不仅仅是一个哲学概念,更是中华民族对于宇宙、自然和人类关系深刻理解的体现,强调人类生活的方方面面都与自然紧密相连。在这一理念的指导下,人与自然的关系从对立与利用转变为互助共荣的伙伴关系。这种理念挑战了现代工业文明中的人类中心主义观念,提醒我们重新思考人的位置与角色,从而寻找到更加可持续的发展路径。

随着全球化进程的加快与科技的飞速发展,人类对自然资源的开发与利用达到前所未有的程度,也导致严重的生态破坏与环境污染问题。这种短视的发展模式不仅威胁到自然生态的平衡,也危及人类自身的生存与发展。在这样的背景下,回归天人合一的生态智慧,不仅有助于我们重新审视人与自然的关系,也为生态文明建设指明了一条有效途径。

一、"人与自然是生命共同体"的宇宙观

中华传统文化从"天"与"人"的角度出发,探索它们之间的内在统一和宇宙秩序。这与马克思主义将人视为社会的存在者,并将人与自然视为一个有机整体的观点相吻合。天人合一思想反映了中华民族对和谐秩序的追求及对生存发展本质的认识,不仅塑造了中国人的宇宙观和生存哲学观,而且为新时代人与自然和谐共生的现代化提供了深厚的文化支撑。

在中华传统文化中,"天"是一个复杂的哲学范畴,通常包括

读懂天人合一

"自然之天""意志之天"和"伦理之天"。冯友兰在《中国哲学史》中将"天"这个概念区分为物质之天(天空)、主宰之天(天神)、命运之天(天数)、自然之天(天性)、义理之天(天理);张岱年将其解释为"最高主宰""广大自然"和"最高原理"[1];而汤一介则认为"天"包括主宰的天命、自然的天及义理的天,将"天命"与"自然"融为一体[2]。综观而言,"天"在传统文化中具有自然的宇宙性、神圣的宗教色彩和道德的约束力,是古人对人与自然关系的深刻思考。

首先,自然之"天"代表宇宙的自然现象,如天体、天象及与"地""人"相关的自然界,展现了自然的朴素本质和动态的约束力。孔子在《论语·阳货》中提到"天何言哉?四时行焉,百物生焉",表达了"天"不仅创造自然万物,也规定了自然的法则。其次,意志之"天"体现了具有人格的主宰意志,如《尚书·汤誓》中商汤以"天命"为由发兵诛讨夏桀,周武王亦以"天命"为依据灭商,显示出东方政治的特色。最后,伦理之"天"涉及普遍的德性和义理法则,如《尚书·泰誓》中所说,"天视自我民视,天听自我民听",强调天意与民意的一致性。同时,存在"人"的概念,包括普遍的人类和特指的君王或圣人。人虽源于自然,须遵从天命和保持敬畏。作为与天地发生感应的存在,"人"的职责是协调天地生命,共育万物。《春秋繁露·四时之副》中描述,"圣人副天之所行以为

---

[1] 张岱年:《中国哲学中"天人合一"思想的剖析》,《北京大学学报(哲学社会科学版)》1985年第1期,第3—10页。

[2] 汤一介:《论"天人合一"》,《中国哲学史》2005年第2期,第5—10页。

第三章
马克思主义生态观与天人合一的契合性

政……天有四时，王有四政"，将"人"定义在王圣的范畴内。与西方天人分离的观念不同，中国的天人关系基于农耕文明，强调人是自然的产物，既是自然的一部分，又参与自然，不是自然之外的存在，也不是自然之上的存在。这种观念支持了天与人的和谐统一。

天人合一是中华传统文化中的基本精神和自然哲学的核心，其基础在于"天"，焦点在于"人"，涉及天、地、人的交互发展，倡导人与自然的协调和整体的天人和谐。在道家和儒家的哲学体系中，分别体现为"天人同道"和"天人合德"的理念。"天人同道"在道家中意味着万物与我同构，提倡主体与客体之间的和谐相融，追求人与自然万物共生的理想状态，"天地与我并生，而万物与我为一"（《庄子·齐物论》）。人类只是自然系统的一部分，当人放弃主宰的姿态时，可达至与自然共处的至高境界，"至德之世，同与禽兽居，族与万物并"（《庄子·马蹄》）。而"天人合德"在儒家中关注的是与万物共理的至诚境界。"天"不是抽象的超自然存在，而是创造万物的自然界本身，"天地者，生之本也"（《荀子·礼论》），是人类生命的根源。人在宇宙的背景下提升自然法则至社会法则，实现自我完善。王阳明的"一体之仁"，通过"爱人"扩展至"爱物"，建立天、地、人的协调关系，承担自然责任伦理和仁者情怀。

中华优秀传统文化以整体、系统、协调的思维范式，讲述天启万物、地生万物、人成万物，强调人与自然共同发展的价值，深刻影响后世的宇宙观和思维格局，进一步将天人合一转化为认识人与自然生命共同体的现实规律。

二、"尊重—顺应—保护"的自然观

以天人并生、物我同一的观念为逻辑起点,天人合一思想通过启发思索自然本性,把握天地造化规律,回答了宇宙万物应如何有效作为的问题,赋予自然以自化自为、自本自根、无有外力强迫的深层次内涵。中国式现代化把"马克思主义思想精髓同中华优秀传统文化精华贯通"[1],以关涉人与自然关系的本体性认识和应然性要求,把追求现代化和经济增长的发展理性建立在尊重自然及其规律的生态理性之上,实现"道法自然"的现代转化和人与自然的现代和解。

《道德经》第二十五章中提到的"人法地,地法天,天法道,道法自然",意味着人应遵循地、天、道和自然的法则。"道"本指道路,存在于天地之前,其意蕴扩展至穿透宇宙、世界、社会以及人生发展的趋势。道自在而不依附于任何事物,不自封为主宰,包含所有活动的法则,并体现于万物之中。如《道德经》第四十二章所述,"道生一,一生二,二生三,三生万物",道是人类社会发展的起点,在其不断的生长和永恒的运行中,揭示了事物本质的规律和固有的秩序,是生命循环和万物运作的基础。而"自然"表达了道的运行本质,意指事物按其固有本性存在和变化。张岱年将"自然"

---

[1] 习近平:《高举中国特色社会主义伟大旗帜 为全面建设社会主义现代化国家而团结奋斗——在中国共产党第二十次全国代表大会上的报告》,人民出版社2022年版,第18页。

第三章
马克思主义生态观与天人合一的契合性

解释为道无须外求，自有其法则[①]；牟宗三则视"自然"为一种精神生活的理念，即自由自在，精神独立，不依赖外物[②]。在存在论上，"自然"指的是道的实体及天地万物与道的和谐共存，按自身本性生长，不受外力干扰。道在万物中显现，通过万物的生长成就"自然"，这是世界万物的理想状态。《庄子·天运》中提到："夫至乐者，先应之以人事，顺之以天理，行之以五德，应之以自然，然后调理四时，太和万物。"这展示了一种维系道的终极性的自然原则，它不具有实体特性，却是维护万物和谐与秩序的基础。道允许万物自由生长和繁衍，不占有、不主宰、不夸耀功绩，这既是道的自然特质，也是人应有的高尚品德。

在价值本体层面，自然具备一种遵循本性、行事无为却无所不为的特质。"无为"通常强调人们应根据客观规律来行动，而非消极不为或缺乏积极性。这里的"无为"是通过顺势而为的方式，遵循事物的自然发展；而"为"则建立在"无为"的价值前提之上，按照无为的原则行事，防止违背事物的自然属性。所有的天地万物自然而然地存在与发展。如果人们能够以自然为榜样，学习天地的法则，顺应其自然本性，过一种顺应自然的生活，以无为的方式进行有为，就能实现无为的境界。"天人合一，道法自然"是一种尊重自然规律、以无为为益的行动原则，象征着顺应自然和道的自然属性。

[①] 李维武：《张岱年先生的哲学观——以〈天人五论〉及相关札记为中心》，《吉林大学社会科学学报》2018年第2期，第138—148页。

[②] 丁为祥、高琼：《牟宗三"本体—宇宙论"解读——儒家视域中自然与道德关系的再检讨》，《陕西师范大学学报（哲学社会科学版）》2009年第3期，第73—81页。

道以自然为其本质，栖息于自然界，确立事物的自然状态和发展方向。道作为万物的根源自然存在，不带任何目的和意志。这种自然状态需要通过现实世界和人类社会来展现。如《庄子·应帝王》中所述，"顺物自然而无容私焉，而天下治矣"，对自然的最佳态度是顺其自然，无为而治。传统观念中，自然被视为一切的根源和典范，强调无须过度干预或强加行为，避免贪欲和不满足的非理状态。通过这种自然的方式观察天地万物的相互作用和变化趋势，自然之道在人、地、天、道的层面上逐步扩展，促进了天道与人道在自然之道中的整合。这不仅促进了现代文明的发展，也为马克思主义基本原理与中华优秀传统文化相结合提供了理论基础。

人与自然构成生命共同体，尊重、顺应和保护自然关涉人类社会的可持续发展。中国式现代化采用了与西方征服自然不同的路径，它批判性地吸收了传统文化中的自然观和生存方式，通过历史唯物主义的视角，聚焦于生态文明建设的经验和挑战。在中华优秀传统文化的创新转化中，中国式现代化探索了如何实现人与自然的和谐共生，这一当代文明发展的重要课题，同时显示了新型文明形态的独特优势和发展潜力。社会的经济、政治、文化和生态发展依赖于人的认知和实践能力，人类对自然的改造反映了人类生命状态的真实面貌。古代人在天地之间生活，以敬畏心顺应自然规律，未曾妄自尊大。现实中的自然既是被对象化的自然也是人化的自然，而人作为自然的一部分，通过劳动与自然互动，在改造社会的过程中展示了自己的主体性，实现了自主的发展和价值实现。马克思指出，只有在社会中自然才是人的本质存在的基础，是现实生活的必要元素。

第三章
马克思主义生态观与天人合一的契合性

在认识到人与自然的一体性基础上,马克思将实践和历史因素引入人与自然的互动,通过这一关系反思人类自身的问题。从原始社会对自然的敬畏,到在私有制下人类征服自然的胜利,自然的本质与人的自然本质之间曾出现难以调和的危机。站在自然之外控制和支配自然,只会导致交换失衡和自然的反击。如恩格斯所警示:"我们对自然界的整个支配作用,就在于我们比其他一切生物强,能够认识和正确运用自然规律。"① 通过变革现有的生产关系,在最适合人类本质的条件下进行物质转化,才能顺畅解决人与自然、人与人之间的矛盾,合理化解"存在和本质、对象化和自我确证、自由和必然、个体和类之间的斗争"②,实现人与自然界本质统一的最终目标。

人与自然和谐共存的关键在于与人自身的和解。中国式现代化有意识地尊重万物生命的本质,与自然维持一种简朴的亲和关系。通过理解自然,人们重新发现了自我;在探索自然的同时,寻找生命的本真和善。这一过程重申了人的本质力量。习近平总书记曾明确指出:"杀鸡取卵、竭泽而渔的发展方式走到了尽头,顺应自然、保护生态的绿色发展昭示着未来。"③ 中国式现代化在深入考量自身的现实和文化基础后,将马克思主义基本原理同中华优秀传统文化相结合,采取"在发展中保护、在保护中发展"的策略,并坚持"绿色发展、循环发展、低碳发展"的原则。这种方法缓解了经济发展与环境保护的长期矛盾,摆脱了以牺牲自然环境

---

① 《马克思恩格斯文集》第9卷,人民出版社2009年版,第560页。
② 《马克思恩格斯文集》第1卷,人民出版社2009年版,第185页。
③ 《习近平谈治国理政》第3卷,外文出版社2020年版,第374页。

为代价的传统发展模式，提供了一种高质量实现现代化的中国方案。

三、"积极保护与适度开发相统一"的发展观

在人与自然融为一体的传统文化框架中，天人合一的思想衍生出了"中和位育"的哲学思想。这种思想强调"中"作为平衡的原则和"和"作为和谐的目标，阐述了古代智慧对天地与人类社会基本原理的理解，并提出一个"万物并育而不相害"的高级生命状态，构建了一个既注重生态也考虑人文的世界观，为人与自然和谐共生的中国式现代化提供了解决差异和矛盾的方法和价值标准。在这种现代化进程中，中国不断强化生产、生活与生态的协调，关注人类与自然利益的平衡，并将其文化和实际情况相结合，倡导"在发展中保护、在保护中发展"的原则，并致力于"绿色发展、循环发展、低碳发展"。"中"表现为事物的自然状态，阐释事物的发展规律和度量，如《礼记·中庸》所述："喜怒哀乐之未发，谓之中；发而皆中节，谓之和。中也者，天下之大本也；和也者，天下之达道也。致中和，天地位焉，万物育焉。"儒家视"中"为行事的基准和天地运行的法则，它融合了本体论与方法论的概念。行事按"中"的原则，并随具体环境灵活适应，寻求"不偏不倚""恰到好处"的状态，在顺应自然趋势的基础上适度而行。"和"描述了事物间的共生状态，追求差异性共存和多样性的和谐。"夫和实生物，同则不继。以他平他谓之和，故能丰长而物生之。若以同裨同，尽乃弃矣。"（《国语·郑语》）它强调通过多样性和多元因素的协调，而非单方面

第三章
马克思主义生态观与天人合一的契合性

的消除或对立,以促进万物和谐发展和生机勃勃。承认并尊重万物的差异是实现和谐的先决条件。反之,"同"则追求一致性,消弭差异,也就阻碍了发展。"位育"在此体系中指的是万物在宇宙中各据其位,顺应其自然规律而生长。如孔颖达在《中庸集注》中所说:"位,正也。育,生长也。言人君所能至极中和,使阴阳不错,则天地得其正位焉,生成得理,故万物得其养育焉。"[①] 这说明在自然法则和适当位置的基础上,万物得到了培育和发展。总之,"中和位育"为中国式现代化提供了超越西方发展模式的文化力量和价值基础,为当前处理人与自然、保护与发展之间的矛盾提供了方法论指导。

中国式现代化通过寻求人与自然的和谐关系,尝试突破生态与发展的二律背反困境,这种系统性和整体性的治理思路与西方现代化的主客二元对立形成了鲜明的对比。习近平总书记强调,"生态环境保护和经济发展是辩证统一、相辅相成的"。在绿水青山就是金山银山理念指导下,坚持山水林田湖草沙的一体化保护和系统治理,维护自然的安全边界和底线。中华优秀传统文化中的"中和位育"与马克思主义基本原理相互阐释和进行精神交流时,为我们如何在自我反思和辩证思维中更好地平衡经济社会发展与地球生态环境保护提供了启示。"物之不齐,物之情也"(《孟子·滕文公上》),遵循万物的自然规律才能深刻理解天地的本质,实现万物的自然生长。生命不仅包括个体生存,还涵盖了家国间的共存差异。在中和的状态下接纳生命的多样性,人与人、人与自然之间才能开拓广阔的发展空间。如何维持天、地、人之间的持久和谐,成为全人类当

---

① 郑玄注,孔颖达疏:《礼记正义》,北京大学出版社2015年版,第1662页。

前需要深思并付诸实践的重要课题。当生命及其要素"并育而不相害""并行而不相悖"时，人的主体性才能更好地发挥。这种对差异的接纳和对多样性的理解，与马克思主义的辩证方法异曲同工。将发展视角应用于自然界和人类社会的复杂差异中，这种不对称性是自然发展的基础条件。人在思维和实际中的差异是社会实践进步的动力，社会发展和阶级矛盾的差异揭示了其阶段性特征。马克思主义通过将差异视为现实，展示了其理论的张力，在追求社会和谐的同时，实现了自然改造的规律性与目的性的统一。尽管马克思主义和中华优秀传统文化在时代背景、社会基础和阶级立场上有本质区别，但它们在包容性框架下能实现最大限度的对话，通过融合的话语释放跨越千年的文化力量，为本土化探索开辟了现代化的新路径。

四、"绿色低碳与人的发展相链接"的伦理观

人与自然和谐相处的现代化融通古今，在天人合一思想的指引下，以"仁民爱物、民胞物与"的文化理性，将人道主义关怀扩展至整个自然界。以墨家为代表的"兼爱节用"思想融爱、利、义于一体，以利天下万民之伦理精神和节制之法的智慧元素，蕴蓄着解决当今现代化进程中内在矛盾冲突的文化力量，彰显出绿色发展的现代伦理精神和天下大同的世界情怀。

"兼"的本义是"一手执两禾"，在《墨子·经上》中，这个词象征着整体和全面。"爱"被视为面向所有人的普遍原则。墨子从生存的视角出发，认为人与人之间不存在等级区分，提出"兼相

爱、交相利",目的是改变一个人人自私、混乱无序的社会现状。与儒家区分等级的爱不同,墨家的爱是不分亲疏、不论强弱,以朴实真诚的态度关爱所有生命。尽管墨子倡导无差别的爱,但他并不否认自爱的合理性和重要性。如《墨子·大取》所述:"爱人不外己,己在所爱之中。己在所爱,爱加于己。伦列之爱己,爱人也。"在伦理序列和志向层面上,自爱与爱人是一致的。同时,爱与利是统一的,如《墨子·大取》所述:"厚不外己,爱无厚薄。举己,非贤也。义,利;不义,害。志功为辩。"爱中蕴含利他,通过爱而生的利益,将个人利益提升至更高的社会价值。"兼爱"基于"尚同"原则,设定了一种群体间的平等秩序。墨子认为,原始社会缺乏统一法则和判断善恶的标准,故须统一天下的义,以解决混乱与纷争。"尚同"优先考虑义,追求一个兼爱互利、共存并生的社会状态。如《墨子·非乐上》所言:"仁之事者,必务求兴天下之利,除天下之害,将以为法乎天下,利人乎即为,不利人乎即止。"因此,所谓的"利"不是个人主义的利益,而是全天下人的共利。

中国共产党在马克思主义的指导下,创造性转化、创新性发展中华优秀传统文化中的道义精神,致力于融合义与利,将中国的发展与世界的共同进步相结合,为全人类生态和谐及发展生态伦理文明贡献了新的理念和实践。"节用"主张适度使用资源,以法治为保障,以维护民众福祉。古代由于生产力有限,出于对劳动人民的尊重和成果的珍惜,墨子强调在生产中避免过度消耗自然资源,防止浪费。同时反对一切无益于民众物质生活的行为,"去无用之费"以界定个体行为的边界。如《墨子·节用中》所述:"古者圣王制为节用之法……'凡足以奉给民用，则止。'"这种以民为本的经济观具有深刻的人道主义精神和民本情怀。此外，墨子强调法仪的重要性。如《墨子·法仪》所述："天下从事者，不可以无法仪。无法仪而其事能成者，无有也。"节用之道和有度之法是治国之策，本质在于遵循自然法则，即"天之所欲则为之，天所不欲则止"，这既是为仁之法，也是正义之法。天地间的人和物都是平等的，无论君主还是百姓，都应敬畏自然、平等对待、依法治国，以实现"国家之富""人民之众""刑政之治"。

  在传统生态智慧的指引下，国家和民族有了维持生态平衡的思维方式和文明水平，同时形成以民为本的治理理念和基因。中国式现代化强调生态与民生的紧密联系，认为"良好生态环境是最普惠的民生福祉"，并始终坚持"为了人民、依靠人民、造福人民"的原则，努力解决生态环境问题以提升民生质量，推行绿色发展方式和生活方式，并确保环境保护与经济社会发展的同步进步，生态文明建设与人的发展并行。中国式现代化深植于中华文化的肥沃土壤，走的是不同于西方工业文明定义和主导的现代化路径。"生态文明是人类文明发展的历史趋势。"[1] 传统文化强调对自然的包容与爱护、节制与适度的使用态度，与当今推动生态优先、节约资源、绿色低碳发展的努力高度一致，助力构建人类命运共同体。人类由自然而生，无论是从自然界的持续还是从社会的发展来考虑，维护生态的平衡与发展是我们的责任与义务。在现代化浪潮兴起前，人类对自然的干预相对保守。然而，随着现代化进程的加快，西方工业文明以改

---

[1] 《习近平谈治国理政》第 4 卷，外文出版社 2022 年版，第 437—438 页。

造自然为主旋律，以物质为目标，这种模式虽然促进了现代化的发展，但也导致了巨大的资源消耗和环境破坏，从而使人类与自然界产生了深刻的矛盾。

"人们为了能够'创造历史'，必须能够生活。"① 马克思主义认为，人类对自然的改造是为了满足自身的需求，在多种实践中，这种改造通过塑造社会关系来实现，进而使人的现实本质得以体现，并在个体与社会的层面上实现与自然的和谐。在面对资源和环境约束增加、生态系统退化等挑战的当下，中国在短短几十年内完成了西方发达国家数百年的工业化历程，实现了经济的快速增长和社会的长期稳定。在规划发展时，中国站在人与自然共生及对人类文明负责的高度，以生态惠民和生态利民为追求的核心价值，在遵循自然法则、推崇万物一体的原则下，积极参与全球环境治理。中国也在自觉推动绿色发展的过程中，形成了具有中国特色的生态文明理念。这一实践成果和其形成的理念不仅拓展了人类生存的广度和深度，也为全球的可持续发展贡献了中国智慧和中国力量。

尊重、顺应、保护自然是人类生存和发展的必然选择，也构成了中华民族持久的文化传统。在中国特色社会主义制度下，和谐共生的生态文明理念在"两个结合"的过程中深化了中国式现代化的价值内涵。习近平总书记强调："中华优秀传统文化是中华民族的文化根脉，其蕴含的思想观念、人文精神、道德规范，不仅是我们中国人思想和精神的内核，对解决人类问题也有重要价值。"② 通过天人

---

① 《马克思恩格斯文集》第 1 卷，人民出版社 2009 年版，第 531 页。
② 《习近平谈治国理政》第 3 卷，外文出版社 2020 年版，第 314 页。

合一的智慧来解读人与自然、传统与现代之间的关系，有助于深化对中国式现代化的本质要求和中华文明的独特特征的理解，为推进中国式现代化提供更多动力和生机。

第二节　马克思主义生态观与天人合一思想相契合的内涵

天人合一是中华传统文化中关于人与自然和谐共存的核心思想，是中华传统文化的重要部分。这一思想在今天生态文明构建中继续发挥着重要的作用。在应对全球加剧的生态危机方面，马克思主义生态观与天人合一思想均具有重要的现代价值和效用。这两种思想在人与自然的关系问题上，都认为人与自然本质相同，构成了一个统一的整体；在如何处理人与自然的关系问题上，都主张在相互尊重和顺应自然的基础上，实现人与自然的和谐共处；在人类如何利用自然的问题上，均强调人类应当节制地利用自然资源，实现与自然的和谐共生。

一、契合于人与自然同质同源的关系向度

如何认识人与自然的关系，决定着人类对自然的态度和人与自然的相处之道，而人与自然相处之道又直接决定了人类的生存环境和最终命运。马克思指出："全部人类历史的第一个前提无疑是有生命的个人的存在。因此，第一个需要确认的事实就是这些个人的肉

体组织以及由此产生的个人对其他自然的关系。"①

在马克思的视角中,人与自然的关系本质上是人与自己的关系。他强调自然资源是人类生产活动的基础,并构成了人类社会生活的根本,指出人类的生存和生活活动不可能脱离自然界进行。"自然界,就它本身不是人的身体而言,是人的无机的身体。人靠自然界生活。这就是说,自然界是人为了不致死亡而必须与之不断交往的、人的身体。"②人类与自然的关系不仅表现在人类对自然环境的改造上,自然环境也同样对人类产生影响,并且人类与自然是相互依存、共同繁荣的。与自然界中的其他实体相比,人类拥有高度的主动性、创造力、组织性和协调能力等独特优势,这使得人类在自然界中占据特殊地位。人类不仅能利用自然资源,还能通过改造自然来满足自身需求。随着生产力的发展,人类从自然中获取资源和改造自然的能力不断增强。然而,人类所处的环境根本上仍然是自然界的一部分,自在自然为人类的生产和生活提供了基础。"人并没有创造物质本身。甚至人创造物质的这种或那种生产能力,也只是在物质本身预先存在的条件下才能进行。"③没有外在的自然界,人类甚至无法维持生存,更不用说征服或改造自然了。因此,马克思、恩格斯强调,人们不应持有征服或支配自然的心态,而应以自己是自然界一部分的身份来认识自己。恩格斯提醒人们:"因此我们每走一步都要记住:我们统治自然界,绝不像征服者统治异族人那样,绝不是像

---

① 《马克思恩格斯文集》第1卷,人民出版社2009年版,第519页。
② 马克思:《1844年经济学哲学手稿》,人民出版社1979年版,第49页。
③ 《马克思恩格斯全集》第2卷,人民出版社1957年版,第58页。

第三章
马克思主义生态观与天人合一的契合性

站在自然界之外的人似的，——相反地，我们连同我们的肉、血和头脑都是属于自然界和存在于自然界之中的。"① 人类与自然界是相互联系的生命有机体，善待自然便是善待人类自身。

在人与自然的相互作用中，马克思主义的自然观与中华文化的天人合一思想均强调人类与自然之间的固有一体性，表明人与自然本质上是同根生。马克思在其作品中对自然的论述显示，他认为自然可分为"自在自然"与"人化自然"两种形态。"自在自然"指的是人类存在前就已形成的自然状态；而"人化自然"描述的是人类为了生存和进步，通过利用及改造自然，进而将其转化为人类活动的一部分。马克思提出，在人类诞生之前，"自在自然"已经存在，而人类本身也是自然界的产物，是在与自然环境的互动中逐步形成的。

马克思、恩格斯对人与自然关系的见解，与中华优秀传统文化中的天人合一思想高度一致。中华优秀传统文化中的天人合一思想将自然视为与人类平等的存在，认为人与自然共生，是由天地共同孕育的，不可将人类从自然界中独立出来，强调人与万物同根同源。《庄子·齐物论》表达了这种观点："天地与我并生，而万物与我为一。"② 庄子通过道的视角审视自然，认为所有事物，无论其形态如何多样，都归于道，天地也不外乎是道的表现，因此在本质上是统一的。老子在《道德经》中描述了宇宙万物的生成法则："道生一，一

---

① 《马克思恩格斯选集》第 3 卷，人民出版社 2012 年版，第 998 页。
② 陈鼓应：《老子今注今译》，中华书局 2020 年版，第 78 页。

生二,二生三,三生万物。万物负阴而抱阳,冲气以为和。"① 这反映了万物来源于道,形成了宇宙的统一体。

在这种思想影响下,庄子主张从道的角度看待事物,认为万物平等,无贵贱之分。从老子的角度来看,道是所有存在的起源。儒家亦认为天地的仁慈孕育了万物与人类,人类应以天道为准绳,允许万物本性的充分展现。张载首次明确使用"天人合一"一词,提出"儒者则因明致诚,因诚致明,故天人合一,致学而可以成圣"②。张载提倡通过明确道德和理论来达成个人修养与宇宙理解的统一。张载认为,气是构成宇宙的基本元素,万物均源于气,从而形成了一个整体系统。"乾称父,坤称母;予兹藐焉,乃混然中处。故天地之塞,吾其体;天地之帅,吾其性。民,吾同胞;物,吾与也。"③张载的思想体现了天地与人类的不可分割性,强调人应视自然界为兄弟姐妹。明代哲学家王阳明将人心与宇宙视为一体,认为人与自然不可分割,强调天人合一。无论是天造万物还是道生万物的观点,都显现了中华文化对自然界的深刻认识,将自然与人类放在同等的地位,这种生态智慧至今仍产生影响。马克思主义的自然观与天人合一思想在认识人与自然的关系上,都支持同源同质的统一视角,为人们正确对待自然界、实现人与自然的和谐共生提供了理论基础。习近平总书记在继承这些思想的基础上强调了人与自然的共生关系,指出"人因自然而生,人与自然是一种共生关系,对自然的伤害最

---

① 王弼注,楼宇烈校:《老子道德经注校释》,中华书局2008年版,第10、117页。
② 张载著,章锡琛校:《张载集》,中华书局1978年版,第65页。
③ 张载著,章锡琛校:《张载集》,中华书局1978年版,第62页。

终会伤及人类自身"①,从而提出人类应将自然视为生命的一部分,承担起在生态保护中的责任,体现了对人与自然关系的全面解读。

二、契合于尊重自然顺应规律的价值向度

马克思主义的自然观与中华优秀传统文化中的天人合一思想在核心上分享一个共同的观点:人与自然不仅是相互依存的,而且在本质上是同源的。这种观点强调了人类与自然界的不可分割性,为两者如何和谐相处提供了理论基础。马克思在其著作中多次提及自然不仅是人类生存的基础,而且是人类文化和社会结构的形成基石。他认为,人类的社会活动,包括生产和文化的发展,都深深植根于与自然的关系中。此外,马克思强调,人类应当理解自己作为自然界一部分的角色,并须以一种负责任的方式与自然互动,这包括对自然资源的合理利用和保护。与此同时,天人合一思想从道德和哲学的层面,探讨人与自然的和谐共生。这一思想认为,人类不仅生活在自然环境中,而且从精神和物质两方面与自然紧密相连。它提倡人类应顺应自然法则,尊重自然力量,与自然界保持一种平衡和谐的关系。这两种观点在如何处理人与自然的关系上有着惊人的相似性,都倡导尊重和顺应自然。这不仅是因为自然为人类提供了必需的资源和生存环境,而且自然界的健康直接关系到人类社会发展的可持续性。因此,人与自然的和谐关系是建立在深刻理解自然本质和人的本质需求的基础上的。

---

① 《习近平著作选读》第 1 卷,人民出版社 2023 年版,第 603 页。

马克思认为,自然界的先在性对人的存在至关重要,即使人类社会的发展和实践活动导致自然不断被人化,但自然界的原始状态,即存在于人类历史之前的自然界,并不再存在,它已被改变。尽管如此,外部自然界的优先地位仍被保持。"先于人类历史而存在的那个自然界,不是费尔巴哈生活于其中的自然界;这是除去在澳洲新出现的一些珊瑚岛以外今天在任何地方都不再存在的、因而对于费尔巴哈来说也是不存在的自然界"[1],但"外部自然界的优先地位仍然会保持着"[2]。马克思指出,"外部自然界的优先地位"涵盖了三个主要方面:首先,自然是人类生存和发展的根源,提供了食物、水源、空气和能源等基本生存条件;其次,自然界被视为一个包含人类的有机整体,遵循其独特的运动和发展规律;最后,人类社会的发展虽然具有主动性,但必须遵循自然的规律。在人类早期社会,由于对自然的认识和改造能力有限,人类更多依赖自然而生存。随着生产力的提高,人类逐渐增强了对自然的认识和改造能力,如发明高科技产品,实现了对自然的一定程度的征服和改造。然而,马克思提醒我们,这些成功背后潜藏着代价和风险,必须警惕自然可能的反击。因为人类终究是自然的一部分,受到自然法则的约束。恩格斯曾警告:"但是我们不要过分陶醉于我们人类对自然界的胜利。对于每一次这样的胜利,自然界都对我们进行报复。"[3]这表明人的能动性虽然显著,但它是有条件和限制的。马克思重视人的感性劳动和

---

[1]《马克思恩格斯文集》第1卷,人民出版社2009年版,第530页。
[2]《马克思恩格斯文集》第1卷,人民出版社2009年版,第529页。
[3]《马克思恩格斯选集》第3卷,人民出版社2012年版,第998页。

第三章
马克思主义生态观与天人合一的契合性

活动，强调现实中个体活动的前提和条件受到物质界限的制约。人类利用其固有能力对自然进行改造，从自然界获取资源以促进社会发展，但这种获取应当遵循适度原则，不可超越自然的限制。

人与动物的根本区别在于人的自我能动性，即人类不仅能够理解世界，还能够改变世界。物质生产活动中人的能动性体现为物质生产能力。然而，人的主观能动作用不能被过分夸大，以免陷入人类中心主义，错误地将人类利益作为道德评价的核心，认为人类的行为天生合理。这种片面的观点忽视了自然界的内在目的性，可能导致人与自然关系紧张，甚至生态危机。马克思主义强调，尽管自然界在人类历史中被改造，但我们不能完全将自然视为社会的产物，必须始终尊重自然的优先地位，谨慎对待对自然的开发利用，确保不超过自然的承受和修复能力，实现人与自然的和谐共生。

在中华传统文化中，天人合一的哲学思想深刻地表达了对自然的尊重和顺应。该思想中的"天"，虽与本书讨论的"自然"概念存在一定的差异，但无论从何种角度解释，"天"的内涵始终涵盖了"自然"的元素。天人合一主张人与自然应存在一种和谐共生的关系，这不仅体现在人类与自然环境的相互作用上，还强调自然对人类生存的基本重要性，并倡导人类应遵循自然法则，维护生态系统的平衡与稳定。道家文化中，"道法自然"是描述人与自然和谐相处的基本原则。老子在《道德经》中深刻阐述了这一点："故道大，天大，地大，人亦大。域中有四大，而人居其一焉。人法地，地法天，天法道，道法自然。"[①] 揭示了天地之间，存在一种虽不可见却极其

---

① 陈鼓应：《老子今注今译》，中华书局2020年版，第149页。

读懂天人合一

强大的法则——"道",所有事物都应遵从"道"的秩序;地球孕育万物,包括人类,而自然界的变化和万物的生长都应顺应自然的规律。这种观点强调"道的博大、天的博大、地的博大"形成了人的广阔世界的基础,这不仅体现了对自然的深厚尊重,也体现了对自然法则的顺应与敬畏。荀子在其哲学讨论中指出:"天不为人之恶寒也辍冬,地不为人之恶辽远也辍广"①,"天行有常,不为尧存,不为桀亡"②,要"制天命而用之"③。从而强调人们应该理解并运用天命规律,即人类活动必须遵从客观自然规律。孔子亦有相似见解,他在观察自然时感慨:"子在川上,曰:'逝者如斯夫!不舍昼夜。'"④ 表示大自然的生生不息、无休无止的状态给予了他深刻的启示。这些中国古代智者关于人与自然关系的论述与马克思主义理论有着高度的一致性,都认识到人的能力是有限的,并强调人类尊重、顺应以及保护自然环境的极端重要性。尽管人类具有认识和改造自然的能力,但最终人类仍然是自然界的一部分,不应将自己的意志凌驾于自然之上。这些教导和洞见强调了人与自然应保持和谐的共生关系,恪守自然法则,以维护生态的平衡。

尽管马克思主义自然观和中华优秀传统文化中的天人合一思想起源于不同的时代背景、社会发展阶段和面对的具体问题,但它们最终超越了时间和空间的限制,在思想上实现了深刻的共鸣。这两

---

① 安小兰译注:《荀子》,中华书局 2007 年版,第 115 页。
② 安小兰译注:《荀子》,中华书局 2007 年版,第 109 页。
③ 安小兰译注:《荀子》,中华书局 2007 年版,第 121 页。
④ 杨伯峻:《论语译注》,中华书局 2019 年版,第 131 页。

第三章
马克思主义生态观与天人合一的契合性

种思想为习近平生态文明思想的形成提供了理论基础和丰富的营养。习近平总书记在处理人与自然的关系时，深入继承并发展了这两种思想，特别是进一步提出了"人与自然是生命共同体"的概念，将对人与自然关系的理解提升到了一个新的层次。"生命共同体"的理念突破了人类单方面依赖自然的传统视角，与"人类中心主义"的观点不同，它强调人与自然的相互依存和命运共同体，表明人类是自然界的一部分，人类对自然的任何改造都受到自然界本身的限制。社会的发展规律必须与自然的运行规律相协调。人类只有顺应自然、尊重自然，才能有效地依靠、利用和改造自然，从而实现人的自由和全面发展。这种与自然和谐共存的哲学不仅提升了我们对自然世界的敬畏，也为人类社会可持续发展指明了方向。习近平生态文明思想，继承和发展了历史智慧，为现代社会提供了解决生态和环境问题的新思路和新策略。

三、契合于取之有度共生并进的实践向度

劳动构成了人类生存和发展的根本。为了生存，人们必须从自然界中获取资源。然而，人作为主体与自然作为客体之间的关系并非单方面的获取或征服。自然资源的有限性和生态系统固有的演变规律要求人类在利用和改造自然时遵循恰当的原则与规律。马克思主义的自然观及中华优秀传统文化中的天人合一思想共同强调，人应对自然的利用应当适度，并且人类与自然应实现和谐共存。马克思指出，人类的生产行为是与自然界相互影响的动态过程，人类历

史也是自然界被人化的历史。在这一过程中，人类应用技术和社会结构来改造自然，以满足其发展需求。同时，人类还须关注环境保护和持续发展，避免对自然界造成不可逆的损害，确保人类与自然能够持续和谐共处。这种观点不仅强调了人类活动的社会责任，也提出了对自然的尊重和顺应自然规律的必要性。

马克思、恩格斯在对资本主义生产关系进行深入系统的分析后，明确指出资本主义社会制度是导致自然资源危机的根本原因。资本主义工业化推动了生产力的极大发展和人类社会的进步，但资本的逐利性导致它将自然资源视为无穷无尽的来源，进行无限度的开采，从而引发了大规模资源浪费和环境破坏。"文明和产业的整个发展，对森林的破坏从来就起很大的作用，对比之下，对森林的护养和生产，简直不起作用。"[1] 马克思深刻认识到地球上的自然资源并非无限，随着社会的不断发展，自然资源将会日益减少直至耗尽，他提出的解决方案是："将合理地调节他们和自然之间的物质变换，把它置于他们的共同控制之下，而不让它作为一种盲目的力量来统治自己；靠消耗最小的力量，在最无愧于和最适合于他们的人类本性的条件下来进行这种物质变换。"[2]

中华优秀传统文化中的天人合一思想也提出了人与自然应和谐共生的观念。这一思想认为，人必须在尊重自然的基础上，合理利用自然资源，以确保自然资源的持续利用和人类的长远发展。道家哲学中，"道法自然"包含了对自然的尊重和对自然法则的顺从与

---

[1]《马克思恩格斯文集》第6卷，人民出版社2009年版，第272页。
[2]《马克思恩格斯全集》第25卷，人民出版社1974年版，第926—927页。

第三章
马克思主义生态观与天人合一的契合性

敬畏。老子提出:"知足之足,常足矣。"意味着人应当知足,知道欲望有度,这是与自然和谐相处的前提。此外,老子还强调了克制贪欲的重要性:"我有三宝,持而保之。一曰慈,二曰俭,三曰不敢为天下先。"①这表明在开发和利用自然资源时,人类应当克制自身的贪欲,避免仅考虑眼前利益而过度开采资源,这样才能避免对自然的过度破坏,确保人与自然的和谐共生。孔子和孟子也强调了人类对自然资源的适度利用和可持续发展的思想。孔子在《论语·述而》中提出:"子钓而不纲,弋不射宿。"②孔子以捕鱼不能一网打尽、射鸟不能毁坏鸟巢两个例子,表达了人类对自然资源的利用必须适度的可持续发展的思想。孟子在《孟子·梁惠王》中提出:"不违农时,谷不可胜食也;数罟不入洿池,鱼鳖不可胜食也;斧斤以时入山林,材木不可胜用也。"孟子认为,只有遵循农时,才能享受丰盛的谷物;只有限制捕捞,才能尽情享用鱼鳖;只有按时使用斧斤砍伐山林,才能充分利用材木而不耗竭自然资源。这些古代智慧与马克思的见解共同强调了人类对自然的尊重和合理利用的必要性,指向了与自然和谐共处及可持续发展的重要性。马克思认为人类的生产活动是与自然界相互作用的过程,人类的历史也是自然界的人化史。在此过程中,人类通过技术手段和社会组织来改造自然以满足自身发展的需求,但也需要注意环境保护和可持续发展,避免自然界被人类过度破坏,以使人类和自然能够和谐相处。这些教导和观点,无论是来自马克思主义还是中华优秀传统文化,都强调人类对

---

① 陈鼓应:《老子今注今译》,中华书局 2020 年版,第 293 页。
② 杨伯峻:《论语译注》,中华书局 2019 年版,第 103 页。

自然的尊重和合理利用，均指向了和谐共处与可持续发展的必要性。

在探讨自然资源的问题时，马克思以其深远的洞察力，已经认识到自然资源的有限性，并且指出了资本主义经济发展模式以资本为核心所引发的生态危机。他提出，实现共产主义是人类摆脱生态危机的终极解决方案。马克思对自然的全面认识不仅适用于当下，而且指向未来，明确了我国走向人与自然和谐共生的社会主义现代化道路的坚定方向。同样，中华优秀传统文化中的天人合一思想，强调人类在利用自然资源时应当量力而行，因为只有这样才能促进人与自然的共同繁荣，这也有助于在经济发展中增强人们保护自然的意识和责任感。习近平生态文明思想汲取了这两者关于合理利用自然资源的核心观点，阐明了中国式现代化是人与自然和谐共生的现代化。党的二十大报告强调，人与自然是一个生命共同体，对自然的无限索取甚至破坏，必将受到自然界的严厉回应。报告明确提出，"我们坚持可持续发展，坚持节约优先、保护优先、自然恢复为主的方针，像保护眼睛一样保护自然和生态环境，坚定不移走生产发展、生活富裕、生态良好的文明发展道路，实现中华民族永续发展"[1]。马克思主义自然观和中华优秀传统文化中的天人合一思想在强调人与自然关系的重要性的同时，都着重指出了合理利用资源、保护自然环境的必要性，为我国的生态文明建设提供了理论支撑和实践指导。

---

[1] 习近平：《高举中国特色社会主义伟大旗帜　为全面建设社会主义现代化国家而团结奋斗——在中国共产党第二十次全国代表大会上的报告》，人民出版社2022年版，第20页。

第三节　马克思主义生态观与天人合一思想相契合的意义

在奋进第二个百年目标的新征程上，审视"让马克思主义成为中国的""让中华优秀传统文化成为现代的""让经由'结合'而形成的新文化成为中国式现代化的文化形态"①的时代之问，指向了"中华优秀传统文化不断充实马克思主义文化生命"和"马克思主义以真理之光不断激活中华文明基因"的历史过程，这一过程映照了"第二个结合"相互成就的理论逻辑和实现向度。这种文化契合以合作式融通、互镜式观照与共生式对话的实践理路，系统观照马克思主义从"外在"到"内在"的现实性转换，全面推进中华文明的生命更新与现代转型，进一步印证"中国特色社会主义道路既是在马克思主义指导下走出来的，也是从五千多年中华文明史中走出来的"②历史本相。因此，在深入探讨马克思主义生态观与天人合一思想相契合的价值指向时，我们不仅是在对两种思想体系进行理论对接，而且是在探寻一条能够引领人类社会实现可持续发展的道路。马克思主义生态观强调人与自然的关系是生产力发展和社会进步的

---

① 习近平：《在文化传承发展座谈会上的讲话》，《求是》2023年第17期。
② 习近平：《在文化传承发展座谈会上的讲话》，《求是》2023年第17期。

基础，提倡人类应当合理利用自然资源，保护生态环境，以实现社会的可持续发展。而中华优秀传统文化中的天人合一思想，则主张人与自然是一个不可分割的整体，人类的行为应当顺应自然规律，与自然和谐共生。马克思主义生态观与天人合一思想的契合与结合，具有深远的现实意义。

一、为马克思主义生态观的中国化时代化注入民族基因

任何一种普遍性理论，必须尊重民族历史传统、借鉴历史经验、激发历史自信，才能满足民族需要、增进民族认同，成为特定民族文化的有机部分。"马克思主义作为一种外来文化，要在中国生根发展，不能没有中国文化这个接受主体。"[①] 作为与新的实践相结合、与新的情况相适应的科学理论，马克思主义在中国化、时代化、民族化的进程中与中国国情、历史文化、民族特性相联结，不断获得鲜明的中国风格和中国气派。在这一过程中，生态文明建设作为新时代中国特色社会主义的重要内容，成为马克思主义中国化的重要组成部分。生态文明建设不仅体现了中华优秀传统文化中天人合一的思想，还通过具体实践，如绿色发展、环境保护和可持续发展，展现了马克思主义与中国现实问题的紧密结合。正如恩格斯所言，"如果不把唯物主义方法当研究历史的指南，而把它们当做现成的公式，

---

① 《方克立文集》，上海辞书出版社2005年版，第11页。

第三章 马克思主义生态观与天人合一的契合性

按照它来剪裁各种历史事实,那它就会转变为自己的对立物"①。列宁也认为马克思主义理论应用"在英国不同于法国,在法国不同于德国,在德国又不同于俄国"②,需要与各国实际相结合。在中国革命实践中,毛泽东反复强调"使马克思主义在中国具体化,使之在其每一表现中带着必须有的中国的特性,即是说,按照中国的特点去应用它,成为全党亟待了解并亟须解决的问题"③。就此而言,"第二个结合"为马克思主义获取"中国内涵"、涵育"时代形式"不断注入文化基因,使其涵育出日益鲜活的中国韵律。将生态文明建设融入中国特色社会主义事业,体现了马克思主义与中国实际相结合的创新和实践,为全球生态治理提供了中国智慧和中国方案。

生态文明建设不仅是对中华优秀传统文化的继承和发展,也是马克思主义理论在新时代的新发展。马克思主义生态文明建设的创造与发展基于其对中国历史文化的批判性继承,在兼顾历史贯通和现实锚定的双重向度中彰显身份归属和文化主体意识,因此,马克思主义中国化时代化的科学维度,不仅内蕴中华民族天人合一文化内涵与文化实践的民族化内容,亦涵括"同中华优秀传统文化精华贯通、同人民群众日用而不觉的共同价值观念相融通"的民族化形式。本土与外来、形式与内容、理论与实践的关系统一,促使马克思主义实现从"在中国"到"中国的"的情境转换和视域融合。回顾历史,中国共产党的理论创新和实践进展充满"第二个结合"的

---

① 《马克思恩格斯文集》第10卷,人民出版社2009年版,第583页。
② 《列宁选集》第1卷,人民出版社1995年版,第274—275页。
③ 《毛泽东选集》第2卷,人民出版社1991年版,第534页。

价值图景，中国共产党人对中华民族治国理政智慧、格物究理方法、修身处世之道等思想精华的挖掘诠释阐扬，推进马克思主义世界观、方法论进入新阶段、得到新锻造、实现新升级。诸如"执其两端而用其中"的中庸思想对辩证唯物主义哲学的丰富发展，推动形成"社会主义市场经济""全过程人民民主""中国式现代化"等重大理论创新成果；"致中和"的和合理念对阶级斗争思想的丰富发展，区分人民内部矛盾与敌我矛盾，联结阶级协作与阶级斗争的概念范畴，形成实事求是、群众路线等强党智慧；"为政以德"的贤能文化对马克思主义建党学说的丰富发展，通过全面领导、广泛联结和有效引领，中国共产党聚焦党性与人民性、斗争与团结、自我革命与社会革命、民族使命与国际视野的辩证关系和有机统一，形塑了学习型、赋能型、文明型的政党范式。

马克思主义生态观与中华优秀传统文化中的天人合一思想相结合，不仅为马克思主义中国化时代化注入了丰富的民族基因，而且为构建人与自然和谐共生的现代化提供了理论支撑和实践指导。

首先，马克思主义生态观的核心在于揭示人与自然的关系，强调人的发展不能以牺牲自然为代价。这一理论与中国传统的天人合一思想深度契合。在中华传统文化中，长期以来都推崇人与自然和谐共生的理念，主张人的行为要遵循自然规律，并致力于生态保护。将这两种思想结合，不仅是对马克思生态观的本土化实践，也代表了对中华传统文化的现代解读与发展。中国共产党在推动社会主义现代化建设中，始终秉承以人民为本的发展战略，坚持在发展过程中保护生态环境，力求经济发展与环境保护的共赢。这种做法展现

第三章
马克思主义生态观与天人合一的契合性

了马克思主义生态观与天人合一思想的结合，反映了马克思主义在中国的具体应用与时代发展。例如，绿水青山就是金山银山的理念深刻阐释了经济发展与生态保护的互依性，同时体现了中国尊重与保护自然的传统观念。此外，中国在马克思主义生态观的实践中不仅为全球生态文明的建设贡献了中国方案，还在面对全球气候变化等问题时，积极参与国际环保合作，提出构建人类命运共同体的倡议。这种合作精神和具体行动不仅显示了中国作为一个负责任大国的角色，也展示了马克思主义生态观与天人合一思想在国际领域的应用。因此，马克思主义生态观在中国的具体化与时代化并非简单的复制，而是基于深入挖掘天人合一思想等中华优秀传统文化，并结合中国的革命、建设和改革经验，通过理论创新与实践探索，实现了理论、文化与时代的深度融合。这一过程不仅巩固了马克思主义生态观在中国应用的文化基础，还丰富了中国生态文明理论和实践，为全球生态文明建设提供了宝贵的中国智慧与中国方案。

在全球化背景下，中国不断深化对天人合一思想与马克思主义生态观的理论探索。通过在国家治理体系和治理能力现代化建设中积极推进生态文明建设，中国正致力于构建人与自然和谐共生的美好家园。这不仅是对马克思主义生态观中国化、时代化的深度实践，也是对中华民族的生态智慧的现代表达。中国在推进马克思主义生态观中国化、时代化过程中，采取了一系列创新措施。比如，通过法律手段加强生态环境保护，如出台《环境保护法》《水污染防治法》等，体现了生态文明建设的制度保障。此外，中国还大力推进生态文明试验区建设，探索生态保护与经济发展相协调的路径，如江西鄱阳湖生态经济区、福建省生态文明试验区等。这些措施不仅促进了地方经济的绿色转型，也为其他地区提供了可借鉴的经验。此外，中国积极倡导绿色发展理念，推进能源结构和产业结构调整。例如，加大对新能源、清洁能源的投入，推动绿色低碳技术的应用。这些都是马克思主义生态观在中国实践中的具体体现。同时，中国还注重增强全民的生态文明意识，通过教育、媒体等渠道普及绿色生活方式，引导公众参与生态环境保护，共同建设美丽中国。在国际舞台上，中国积极参与全球生态治理，倡导构建人类命运共同体，强调在应对气候变化、保护生物多样性等全球性生态环境问题上的国际合作，体现了马克思主义生态观的国际视野和中国对全球生态文明建设的贡献。

二、推动天人合一宇宙观的现代转型

中华优秀传统文化是中华传统文化遗产中先进性的精华集合体，是剔除了消极成分、抽象出来的最优秀与最有价值的精髓，其进步性因素为中华民族的生存发展提供了一个积极的、有利于社会进步的情感界标和价值尺度。作为具有时代性和民族性双重维度的文化实践，中华优秀传统文化的现代转型，在保留文化精华与去除时代局限的逻辑中，坚持"否定"与"肯定"并存的辩证态度，在打通"中西"、对接"古今"的同时，通过"创造性转化"和"创新性发展"的批判性继承，建立起现代性坐标和民族性基础，使中华优秀传统文化从古代通往现代成为可能。中华文化的现代转型，一方面

第三章
马克思主义生态观与天人合一的契合性

得益于马克思主义科学性、革命性和开放性的理论品质，其"完备而严密"①的世界观与中华民族文化要义具有契合性的同时，更具有时代性和超越性，它以"现代社会主义为标志的社会全面发展"②锚定文化现代化的价值方向。另一方面，得益于中华民族"兼收并蓄"的文化传统，"中国传统文化，一向是高兴接受外来新元素而仍可无害其原有的旧组织的。这不仅在中国国民性之宽大，实亦由于中国传统文化特有的中和性格，使其可以多方面的吸收与融合"③。正是基于有容乃大的精神特质和文化基调，中华民族对马克思主义的接纳与创新，倒逼中华文化的自我扬弃与重构。生态文明建设作为新时代中国特色社会主义的重要内容，成为中华优秀传统文化现代化转型的重要载体。生态文明建设不仅体现了中华优秀传统文化中的天人合一思想，还通过具体实践，如绿色发展、环境保护和可持续发展，展现了中华优秀传统文化在现代社会中的生命力和适应力。

"中华文明的结构和机制，在漫长的岁月中，经过一代代先人在实践中不断地探索、积累、完善，已经形成了一套相当成熟的协调模式。"④在这一模式之下，中华优秀传统文化演绎的现代性道路，呈现为立足中国实践、紧扣文化主体、融合时代精华、不断守正创新的文化增殖过程。这一过程以创造性转化、创新性发展的目标要

---

① 《列宁选集》第2卷，人民出版社1995年版，第309页。
② 谭培文：《马克思主义中国化究竟是何以可能的》，《马克思主义研究》2006年第2期，第5—11页。
③ 钱穆：《中国文化史导论》，商务印书馆1994年版，第221页。
④ 费孝通：《孔林片思：论文化自觉》，生活·读书·新知三联书店2021年版，第211页。

读懂天人合一

求,聚焦文化内涵新诠释、文化表达新框架、文化传播新方式等结构性调整,重焕中华优秀传统文化生命力和价值力。诸如"群众史观"对"民本思想"的丰富发展,超越"为民做主"的清官情结和"英雄史观"的唯心视角,肯定人民群众具有"历史主体性"和作为"历史创造者"的价值意涵,催生了"人民当家作主""为人民服务""人民至上"等中国式民主话语概念和思想体系;"人与自然关系和解"生态观念对"万物一体"道德理性的丰富发展,超越"征服自然"的人类中心主义和"诗意家园"的功利境界,总结凝练人与自然、社会和自我关系的整体客观规律,将改造自然与"人的本质发展和普遍解放"相衔接,催生了"绿色发展""生命共同体"等人与自然和谐共生的现代化道路;"生产力决定生产关系"的物质追求对"知足常乐"内求文化的丰富发展,超越"远人不服,则修文德以来之"[①]的王道仁义,向中华民族阐明生产实践之于人性解放的价值,生产力之于民族独立、竞争和复兴的意义,催生了"改革开放""科教兴国""乡村振兴""共同富裕"等国家发展范式。生态文明建设作为中国现代化进程中的一部分,展现了中华文化的兼容并蓄和创新能力,不仅使生态文明理念深入人心,也推动了中国传统文化的现代化转型,体现了中国特色社会主义的时代特色和全球意义。

具象之,天人合一思想有丰富的古典意涵,并且其现代解释可以从多角度展开。一个关键的方向是对其生态价值的重新评估,将其作为现代生态哲学框架的一部分。根据中国古代哲学家的看法,

---

① 杨伯峻:《论语译注》,中华书局1980年版,第12页。

第三章
马克思主义生态观与天人合一的契合性

人与自然和谐相处的关系是建立在天人合一的思想之上的。在当代，推动人与自然和谐共生、构建人与自然的生命共同体，以及人类对生态世界观的探索，仍然依赖于这一中华文明的智慧精粹。从天人合一的传统视角出发，人不应被视为自然的对抗者或主宰者，而是自然的一部分，与自然界保持着生命共同体的紧密联系。这种理念强调顺应自然、保护自然，并与自然和谐共生，反映出对生态环境的深刻尊重与敬畏。然而，随着工业化的快速推进和全球化的深入，人类对自然资源的过度开发和利用已经导致生态环境的严重退化，人与自然的和谐关系遭受了空前的挑战。在这种情况下，将天人合一的宇宙观转化为符合现代标准的生态文明理念，不仅是对文化的传承，也是现代社会发展的迫切需求。

生态问题主要源于工业化以来的人类活动。这些问题频繁发生，对人类的生存与发展构成了严重挑战，并逐渐揭示了人类与自然之间的根本矛盾。生态问题的影响不仅限于环境保护领域，它更深层地关联到人类的宇宙观和价值观。为了根本解决这些问题，我们需要依赖于科技进步和制度创新，更要依靠文化和价值观的转变。如果不改变"人类中心主义"和将人与自然对立的观念，即便生态环境暂时得到改善，人与自然之间的深层矛盾也难以彻底解决。就天人合一思想而言，其所包含的"利用厚生、不役于物"的原则与马克思主义超越物质主义的立场相通，"天下一家、仁为己任"的精神与共产主义天下大同的社会理想相融，"参赞化育、因应自然"的主张与马克思主义的自然观相合。此外，天人合一思想中的适应自然、顺势而为的主张也与马克思主义的自然观点相契合。因此，将

读懂天人合一

马克思主义生态观与天人合一思想相结合,不仅能够加深我们对生态文明建设的理解,还能指导我们在实现现代化过程中实现人与自然的和谐共生。

其一,利用厚生,不役于物。马克思主义认为物质财富是幸福追求的根本,也是社会进步的必要条件,同时反对劳动异化和过度的物质主义,呼吁人们跳脱物化的思维,远离物质主义。这与中华传统文化中的厚生利用、不被物质所驱使的原则相呼应。中国古代思想家们强调以道德为导向来利用资源,倡导"使用物品而不被物品支配"的生活方式。他们提倡珍惜资源、适度消费,并在不受物质驱动的前提下积极改善物质生活。物质主义和享乐主义常使人"沦为物质的奴隶","把丑恶的物质享受提高到了至高无上的地位,毁掉了一切精神内容"。[①] 鉴于地球资源的有限性和人类无限的物质欲望,这种模式显然是不可持续的。现代社会亟须与自然和谐相处的生态文明。根据天人合一思想,人与自然应构成一个无缝的有机体。这一哲学不仅强调改善物质条件,而且倡导"利用厚生以崇德",从而提高人的精神生活水平。这种观念认为,我们不应以征服自然来满足个人欲望,而应将人与自然的关系看作一个整体。

其二,天下一家,仁为己任。马克思的世界历史观和关于人类社会发展的理论强调了一个天下大同的理想——构建一个自由人的联合体。在这个联合体中,每个人的自由发展不仅是个体的自由,而且是实现所有人自由发展的基础。这种观念与中华传统文化中的"天下一家"和"仁为己任"的理念有着深刻的共鸣。两者都倡导

[①]《马克思恩格斯论浪漫主义》,人民文学出版社1958年版,第48—49页。

第三章
马克思主义生态观与天人合一的契合性

广泛的人文关怀，视天下若一家，将仁爱视为个人的责任。在这样的理想指导下，"我们所享受的就不是可怜的、有限的、自私的乐趣，我们的幸福将属于千百万人"①。首先，提倡"天下一家，仁为己任"有助于形成全球共识，这对于推动国家间的代际正义和责任伦理具有重要意义。通过弘扬"天下一家、仁为己任"的理念，可以激励全球社会力量的凝聚，促使各国共同努力，共担全球环境治理的责任，促进国际合作的深化，从而在全球范围内建立一个人与自然共生的生命共同体。其次，这一理念也有助于超越短视的时代局限，促进代际的正义。生态环境的健康不仅关乎当前各国人民的福祉，也影响到未来世代人类的生存状况。我们应全面考虑当前时代对优良环境的需求，同时深刻认识到承担代际责任的重要性，追求可持续发展，为未来留下宝贵的自然资源。最后，"天下一家，仁为己任"这一理念要求我们关怀他人，强调历史责任和发展阶段的差异性，这有助于平衡发达国家和发展中国家在环境问题上的不同历史责任和应对能力。基于这一原则，可以实施"共同但有区别的责任原则"，确保各国根据自身条件参与全球环境治理，共同促进全人类的福祉。这种以仁爱为核心的全球伦理观不仅提升了人类的共生能力，也是实现全球生态文明必不可少的道德基础。

其三，参赞化育，因应自然。在马克思主义理论框架下，人与自然不再是对立的关系，而是一个不可分割的整体。人类包含着自然界的本质，反之亦然。这种观念与中华文明中的天人合一、万物一体的宇宙观异曲同工，强调了仁民爱物的理念和自然与人的和谐

---

① 《马克思恩格斯全集》第 1 卷，人民出版社 1995 年版，第 459 页。

相处。这种广泛的和谐视角，不仅限于人与环境之间，还涵盖了社会内部的和谐。进一步地讲，天人合一的思想强调在尊重自然的基础上，积极探索和利用自然规律。这不仅是通过技术创新来改造自然，而且是在理解自然的基础上，与之协同发展，遵循"参赞化育"的原则。这种方法旨在实现万物和谐生长，促进一个清洁且美丽的世界的创造。通过这种深度的生态哲学和广泛的人文关怀，我们可以构建一个更加公平、合理且可持续的全球社会。在这样的社会中，人类活动与自然的保护和恢复不再是互相抵触的目标，而是共同追求的理想。这种理想的实现，需要国际社会共同努力，通过政策、教育和文化的改革，促进人与自然界的和谐共生。"促进人与自然和谐共生""人与自然生命共同体"等都与天人合一思想密不可分，是我们进行中国式现代化生态文明建设、实现中华民族永续发展的重要指引。天人合一思想为中国式现代化积蓄了厚重底蕴，赋予了鲜明特质，并具有跨越时空、超越国界的普遍性；对这一古典观念不断加以创造性转化和创新性发展，可以为构建人与自然生命共同体、为人类社会现代化进程作出贡献。

三、形塑中国式现代化的生态文明理念

作为历史演进与人类社会的综合性产物，文化样态是由本民族语言文字与历史记忆、物质文明与精神生产、民族习惯与心理定式、社会结构与组织关系等特质系统呈现的观念体系，隐含文化主体内在精神的价值规定和时代趋向，具有普遍性、整体性、规范

第三章
马克思主义生态观与天人合一的契合性

性、凝聚性等特征。作为社会主义生态文明的实践展开，中国式现代化的生态文明样态在"第二个结合""逻辑证成"与"历史生成"①的双重维度中超越资本主义生态文明，开创了社会生态进步新模式、生态文明发展新范本、人类生态解放新道路。正如毛泽东所期许的，"我们不但要把一个政治上受压迫、经济上受剥削的中国，变为一个政治上自由和经济上繁荣的中国，而且要把一个被旧文化统治因而愚昧落后的中国，变为一个被新文化统治因而文明先进的中国"②。中国式现代化的生态文明样态"不是简单延续我国历史文化的母版，不是简单套用马克思主义经典作家设想的模板，不是其他国家社会主义实践的再版，也不是国外现代化发展的翻版"③，而是在中国共产党领导下，以马克思主义为指导，坚守中华文化立场，立足当代中国实际，将社会主义、中华文明与现代化融合发展而形成的生态文明新形态，它以文化根脉、价值、主体、目标等内在结构，内蕴"五个文明"协调发展的主要特征，在中华文明的本体性规定、文化发展的本质性呈现、全球文明共生的空间性规范中，指向了与西方现代化模式不同的文化图景。

"第二个结合"对新生态文明的理论建构和逻辑澄明"在本质上是既接着马克思主义讲，又接着中国传统讲，是这两个接着讲的统

---

① 黄建军：《唯物史观视域中的人类文明新形态》，《中国社会科学》2023年第10期，第85页。
② 《毛泽东选集》第2卷，人民出版社1991年版，第663页。
③ 《十九大以来重要文献选编》（上），中央文献出版社2019年版，第434页。

一"①。与"完成时"的资本主义生态文明不同,中国式现代化的生态文明形态是"生成中"的新文明,它根植于社会主义土壤里,展开在世界历史场域中,亦在实现全人类解放的逻辑框架中不断延伸。"第二个结合"对生态文明新形态的范畴锚定与价值阐发,以"认知—互诠—理解—具化"的"结合"过程将"新的文化生命"置于共时与历时交互的认知框架之中,借此丰富、完善"结合"归旨的现实表达与创造。据此,中华民族现代生态文明以连续性与超越性的统一、全面性与协调性的平衡、历史赓续与时代发展的过渡、空间延展与文明互鉴的联结,内蕴民族复兴的时代主题、中华文化的历史积淀、中国共产党的坚强领导、共同奋斗的责任主体、贡献中国智慧的世界担当等标志性内核,在完成文化系统"解释和命名"的同时,彰显了更高层次的文明形式与价值追求。

具象之,中国式现代化的生态文明理念是中国特色社会主义的一个核心元素,它在全球化和现代化的背景下,体现了中国对于人与自然和谐共生关系的深入理解与追求。这一理念不仅继承了中国传统文化中的天人合一的生态智慧,而且整合了马克思主义生态观的科学方法,展示了中国对可持续发展和全球生态安全的强烈责任感。在这一框架下,中国的生态文明构建强调以和谐共生和可持续发展为主导,推崇与自然的和谐相处,并倡导绿色低碳的生活与生产方式。这种文明发展模式具体表现为促进资源节约和环境友好型社会的建设,旨在实现经济增长、社会发展与环境保护的协调一致。

---

① 陈卫平:《两个接着讲和三个环节——马克思主义与中华传统文化相结合的思考》,《理论视野》2008年第12期,第16页。

第三章
马克思主义生态观与天人合一的契合性

此外,中国的生态文明理念还强调对全球生态危机的积极响应,探索适应中国国情的生态文明建设道路。这包括了从政策制定、科技创新到公民行为的全方位变革,目标是实现人的全面发展和生态系统的长期稳定。中国在这一领域的探索和实践,不仅为国内生态文明的推进提供了路径,也为全球生态治理贡献了中国方案,体现了中国在全球环境治理中的领导角色和国际责任。这种理念的推广和实施,需要跨部门和跨行业的协调,以及全社会的参与。中国正在通过法律、教育和文化传播等多种渠道,推动生态文明理念的深入人心,从而促进形成一个更加绿色、健康的发展模式,确保为后代留下一个更加美好的环境。

在实践中,中国式现代化的生态文明理念通过和谐共生、绿色发展、节约资源、保护环境、公平参与和共同享受这五个维度的全面推进,展现了中国在全球生态危机面前的责任与担当,为实现人与自然和谐共生的美好愿景而不懈努力。

其一是和谐共生的价值立场。和谐共生是生态文明建设的核心原则,突破了传统的人类与自然的支配和被支配的关系模式,提倡一种相互依存、相互促进的生命共同体观念。在这样的共同体中,人类的发展与自然的保护不再是对立的概念,而是可以通过相互支持与合作实现双赢的关系。这一理念深化了我们对人与自然关系的理解,强调在现代社会推动生态文明建设的过程中,必须坚持人与自然构成一个不可分割的生命共同体。在传统的观念中,人类常被视作自然界的征服者,这种观念催生了对自然资源的肆意开发和利用,导致了严重的生态环境问题。然而,和谐共生观念要求我们重新考虑人类活动与自然环境的关系，认识到人类的福祉密切依赖于健康的自然环境，环境的退化最终也会对人类的生存和发展构成威胁。因此，我们必须学习在尊重自然规律的基础上开展经济和社会活动，探索与自然和谐共处的新途径。实现和谐共生的关键在于人类认识到自己行为对自然界的深远影响，遵循自然规律，调整发展策略，减少对环境的破坏，并确保自然资源的合理利用和生态系统的稳定性。在这一理念的指引下，生态环境保护已成为国家战略的重要组成部分。这包括了推广生态农业、建设绿色基础设施以及发展循环经济等措施，旨在减少人类活动对自然环境的负面影响，促进经济和社会的可持续发展。这些措施不仅有助于改善当前的生态状况，还为未来世代创造一个更加繁荣与健康的环境。

其二是绿色发展的实践向度。绿色发展是推动生态文明建设的关键路径，它要求我们在追求经济增长的同时，深入考虑环境保护和资源节约的重要性。这种发展模式注重低碳、循环利用和可持续性，目标是减少对环境的负面影响，同时实现经济效益与环境保护的协调发展。实现这一目标不仅需要通过科技创新提升能源效率和开发绿色能源，降低污染排放，还需要通过制度创新来确保环境保护的法律和规章得到有效实施，并建立健全绿色低碳市场机制和评估体系。绿色发展已成为中国现代化转型的重要方向，旨在塑造一个资源节约型、环境友好型的社会。在实际操作中，这一策略强调利用科技创新来解决环境问题，这涵盖了从能源生产到消费的转型，比如开发清洁能源、提升能源利用效率。同时，它也包括对产业结构、产品设计、物质生产和消费模式的全面绿色革新。这些措

第三章
马克思主义生态观与天人合一的契合性

施包括开发新型能源技术、研制环保材料、推广绿色制造技术，并通过制度创新优化资源配置，例如实施碳交易制度、推广环境标志产品、完善环保法律法规等。我们推行绿色发展战略，旨在构建一个经济、社会和环境效益相统一的新型发展模式。这不仅能促进当代社会的持续发展，也能为未来世代保留清新的空气、清洁的水源和翠绿的森林。这种发展模式的实施，需要全社会的共同努力和持续的政策支持，确保经济增长与环境保护之间实现真正的和谐共生。

其三是节约资源的主体要求。作为中国式现代化生态文明理念的重要组成部分，节约资源呼唤着一种全新的资源观念变革。这一变革不仅仅是政策层面的要求，更是一种文化自觉和生活态度的体现。在全球资源日益紧张的当下，实现资源节约显得尤为重要。这要求我们在开发和利用自然资源时，必须深刻认识到资源的有限性和珍贵性，要采取科学合理的措施，最大化提升资源利用效率，减少资源浪费。资源节约意味着从根本上告别传统的粗放型经济增长模式，转向一个更注重质量和效益的可持续发展模式。这种转变不仅涉及能源资源的节约，如电力、水资源和石油等，也包括土地、森林和矿产等各类自然资源的合理利用。在具体实践中，我们需要运用现代科技手段，开发和推广资源节约技术。这包括推广节能减排和循环经济的模式，从而在确保经济和社会的快速发展的同时，最小化对自然环境的负面影响。此外，资源节约还涉及公众意识的提升和行为习惯的变革。通过教育和宣传活动，提高公众的资源节约意识，倡导绿色消费理念，引导人们在日常生活中实施节水、节电和减少塑料使用等节约行为，共同营造一个良好的资源节约氛围。政府在推动资源节约方面发挥着关键作用。政府通过制定相关法律法规，设定节能减排标准，实施资源税费制度，以鼓励企业和个人采取节约资源的措施。同时，政府还可以利用财政补贴、税收优惠等政策工具，支持节能产品的研发和市场推广，促进节约资源技术的创新和应用，从而形成一种全社会共同参与的资源节约和环境保护的强大动力。

其四是保护环境的基本理念。保护环境不仅是为了维持生态平衡，更是确保人民群众享有健康生活的基本要求。加强生态环境保护、治理污染和恢复生态系统的功能性是实现可持续发展的必要前提。环境保护构成了生态文明建设的基础，涉及空气质量控制、水资源保护、土壤污染治理以及生物多样性的保护等多个关键领域。为了强化生态环境保护，必须采取全面的措施来从根本上减少污染物排放，同时努力恢复和保护那些已受损害的生态系统，以提升整体环境质量。这一过程需要政府、企业和公众共同参与，通过立法、技术创新和公众参与等多种途径实现环保目标。例如，制定更严格的环保标准和法规，加强环境监管力度，推广清洁生产技术和绿色消费习惯，鼓励公众参与环保活动，增强环保意识。同时，实施针对性的大气和水污染防治计划，加大生态修复项目的投入，以及推行国家公园体制，都是提升环境管理和恢复生态健康的有效措施。这些综合施策的目标是为公众提供高质量的生态产品和服务，从而实现环境质量的全面提升，并朝着构建一个美丽的中国迈进。这不仅符合国家战略，也回应了公众对美好生活环境的期待和需求。

第三章
马克思主义生态观与天人合一的契合性

其五是公平参与和共同享受的政策导向。公平参与和共同享受构成生态文明建设的社会根基。确保每位公民的环境权益,意味着每个人都应当有权利参与到生态环境保护的过程中,承担维护生态平衡的责任,并享有生态文明成果的权利。这需要政府在制定与执行环境政策时,全面考虑不同社会群体的利益与需求,确保政策的公平性和正义性,从而促进所有人共享清新空气和碧绿山水带来的福祉。例如,政府可以通过制定和实施针对性政策来支援困难地区和弱势群体,改善他们的生态环境,从而提升其生活质量。此外,加强生态教育和提升全民的环保意识也是必要的措施,这能鼓励公众积极参与到环境保护活动中来。建立一个公平而有效的环境治理体系,确保环境政策制定和执行的透明度,以及公众的广泛参与,也是至关重要的。公平参与和共同享受的原则可以促进社会的公平正义,增强人民群众对生态文明建设的认同感、满意度和幸福感。同时,构建新型生态文明不是一国之事,而是全人类的共同责任。这不仅要求个人和社会之间的公平,还要求在国际层面上实现公正,这正是中国提倡建立"人类命运共同体"的深层含义。在这个共同体中,各国共同努力,通过国际合作与交流,推动全球生态管理的进步,确保全球环境治理的公平性和有效性,共同应对全球生态挑战。正如习近平总书记指出的,一方面,"建设生态文明,关系人民福祉,关乎民族未来""生态环境保护是功在当代、利在千秋的事业"。① 另一方面,"人类是命运共同体,保护生态环境是全球面临的

---

① 《习近平谈治国理政》第 1 卷,外文出版社 2018 年版,第 208 页。

读懂天人合一

共同挑战和共同责任"。① 我们不仅要致力于建设青山绿水、蓝天常在的美丽中国，作为一个文明古国和负责任大国，也应该"成为全球生态文明建设的重要参与者、贡献者、引领者"②。

---

① 《习近平谈治国理政》第 3 卷，外文出版社 2020 年版，第 360 页。
② 《习近平谈治国理政》第 3 卷，外文出版社 2020 年版，第 364 页。

第四章

中国共产党对天人合一的探索与实践

第四章
中国共产党对天人合一的探索与实践

正确处理好人与自然的辩证统一关系，是马克思主义政党的不懈追求。在新民主主义革命时期，中国共产党在团结带领中国人民浴血奋战、百折不挠创造伟大成就的同时，注重环境保护与增产增收的关系。在新中国成立之初，中国共产党在领导全国人民恢复和发展经济的同时，发出了"绿化祖国"的伟大号召，拉开了新中国环境保护的序幕。1972 年，中国政府派出代表团参加联合国人类环境会议，开始积极探索适合中国国情的环境建设之路。改革开放后，随着对环境保护和生态文明建设的认识不断加深，我国制定颁布了《中华人民共和国环境保护法（试行）》，将保护环境确立为基本国策。1995 年 9 月，党的十四届五中全会提出可持续发展战略。2003 年 10 月，党的十六届三中全会报告提出"树立和落实全面发展、协调发展和可持续发展的科学发展观"。生态文明建设正扎实展开，资源节约和环境保护全面推进。

第一节　新民主主义革命时期践行天人合一

新民主主义革命时期，中国共产党面临的主要任务是反对帝国主义、封建主义、官僚资本主义，争取民族独立、人民解放，为实现中华民族伟大复兴创造根本社会条件。在党领导人民进行浴血奋战、百折不挠的新民主主义革命过程中，自然环境与前线军粮供应和老百姓的生产生活息息相关。为了更好地保障革命生产和根据地百姓生活所需，减少自然灾害和人为破坏，在党的领导下，军民团结一心，进行了大规模的拓荒和生产。与此同时，在实践和调研的基础上，党因地制宜，科学制定并实施了一系列关于保护森林、涵养水土、植树造林等政策和法规。在生产力较为落后且长期处于战争状态的特殊时期，党在尊重自然规律的前提下，领导军民进行自力更生、艰苦奋斗的生产运动，在实践中践行天人合一。

一、自己动手，丰衣足食

（一）开荒种地，保障供给

在新民主主义革命时期，粮食生产与革命工作紧密相连，正所谓"民以食为天""兵马未动粮草先行"。为了改善人民的生活，确

第四章
中国共产党对天人合一的探索与实践

保军队的后勤供给,党关注农田的耕作、牲畜的养殖、林业资源的培育和其他作物的养殖增产,同时注重保护生态环境。在革命根据地,既从好山好水中获得林田牲畜,"奖励兴修水利,发展水田"①,保障了生产生活,也在一定时期和一定空间积极植树造林和封山育林,实现"天惠人、人惠天"的统一。

在这个特殊历史时期,生存需要影响着生产的方式。生存的压力也带来生产的动力。在陕甘宁边区,毁林开荒和植树造林并存。毁林开荒是在封锁包围和自然灾害频发的境况下为求生存不得已做出的决策,植树造林则是为了保障生产生活安全做出的科学有效措施。"林木保护的目的,从长远来看是为了生态环境、为了子孙后代的可持续发展,从当时近处着眼则在于边区农业、工业的壮大,国防力量的发展。"②在这一历史时期,产生了南泥湾"到处是庄稼遍地是牛羊,鲜花开满山"等既发展了生产也保护了环境的案例。

【案例】南泥湾——旧貌换新颜,陕北好江南

抗日战争进入相持阶段后,陕甘宁边区财政出现严重困难。南泥湾本为湿地生态环境,经过考察论证,八路军三五九旅积极响应中央"自己动手,丰衣足食"的口号,在南泥湾开展了大生产运动。经过3年时间,部队官兵和群众将南泥湾开发为丰收富饶的"陕北

---

① 张希坡:《革命根据地法律文献选辑:解放战争时期新解放区的法律文献(1945—1949)华北解放区》(第四辑第一卷),中国人民大学出版社2019年版,第298页。
② 谭虎娃、高尚斌:《陕甘宁边区森林保护研究》,《兰州学刊》2010年第11期,第208页。

好江南",粮食不但自给有余,还向边区政府交了300万斤公粮。值得注意的是,在大生产运动后,所有土地交当地政府管理,少部分土地由农民继续耕作,大部分土地则是退耕。经过退耕还林的保育,南泥湾现森林覆盖率超过78%。[1]

(二)鼓励生产,发动群众

中国共产党的初心和使命就是为中国人民谋幸福,为中华民族谋复兴。纵观中国共产党对于生态建设的探索,无论处于哪个历史时期,都始终围绕"为中国人民谋幸福、为中华民族谋复兴"这一初心使命前进。在新民主主义革命时期,中国人民面临着帝国主义和国内封建主义、官僚资本主义的压迫,为中华民族争取独立、人民解放是当时中国共产党肩负的历史使命,中国共产党领导生态文明建设探索的起点也是在这个大背景下进行的。"在解救贫苦人民于水深火热之中、使人民解放,挽救民族于危亡之中、使民族解放的新民主主义革命时期,中国共产党自觉地将贫困大众所受社会压迫、经济压迫、政治压迫与自然压迫有机统一在一起;自觉地将抗灾救灾资源、自然资源的保护分配同领导革命、发展生产活动有机统一在一起;自觉地将充分利用自然,使改变、利用自然同夺取中国新民主主义革命时期胜利有机统一在一起,把亿万贫苦农民、工

---

[1] 参见《南泥湾:"生态革命"营造更美"江南"》,光明网,https://m.gmw.cn/2021-08/03/content_1302454086.htm. 最后访问日期2024年8月18日;赵桂玲、刘长海、王文强等:《南泥湾湿地生态变迁研究》,《湿地科学与管理》2015年第1期,第67页;何程远:《抗日战争时期的南泥湾大生产》,《天津师大学报》(社会科学版)1988年第1期,第64—69页。

第四章
中国共产党对天人合一的探索与实践

人等广大无产阶级阵营团结在我们党的周围，领导中国人民大力进行革命根据地和解放区建设，使革命史与自然史相互交融，探索形成了在局部执政条件下，在战乱与灾荒中如何救荒、生产、育人等具有朴素生态文明意义的政治行为，并因此成为中国共产党领导生态环境保护的政策动源和早期渊源。"[①] 作为中国共产党第一代中央领导集体的核心，毛泽东坚持把马克思列宁主义基本原理与中国具体实际相结合，在革命的征程中积极探索生态建设的经验。尽管毛泽东并没有使用生态建设、生态文明等词汇，但是对于人与自然的联系，仍有着深刻的思考。

面对复杂艰苦的斗争环境，毛泽东十分强调改善群众的生活和发动群众的积极性，"我们的经济政策的原则，是进行一切可能的和必须的经济方面的建设，集中经济力量供给战争，同时极力改良民众的生活，巩固工农在经济方面的联合，保证无产阶级对于农民的领导"[②]。在新民主主义革命时期，环境保护是与战争环境下的经济建设密不可分的。环境建设不仅关系农民的生计，也关系无产阶级对革命事业的领导权。

毛泽东于 1934 年第二次全国工农兵代表大会上总结当时的经济政策时，指出："在目前的条件之下，农业生产是我们经济建设工作的第一位，它不但需要解决最重要的粮食问题，而且需要解决衣服、砂糖、纸张等项日常用品的原料即棉、麻、蔗、竹等的供给问题。

[①] 黄承梁、杨开忠、高世楫：《党的百年生态文明建设基本历程及其人民观》，《管理世界》2022 年第 5 期，第 7 页。

[②] 《毛泽东选集》第 1 卷，人民出版社 1991 年版，第 130 页。

读懂天人合一

森林的培养,畜产的增殖,也是农业的重要部分。在小农经济的基础上面,对于某些重要农产作出相当的生产计划,动员农民为着这样的计划而努力,这是容许的,而且是必须的。我们在这一方面,应该有进一步的注意和努力。关于农业生产的必要条件方面的困难问题,如劳动力问题,耕牛问题,肥料问题,种子问题,水利问题等,我们必须用力领导农民求得解决。这里,有组织地调剂劳动力和推动妇女参加生产,是我们农业生产方面的最基本的任务。而劳动互助社和耕田队的组织,在春耕夏耕等重要季节我们对于整个农村民众的动员和督促,则是解决劳动力问题的必要的方法。不少的一部分农民(大约百分之二十五)缺乏耕牛,也是一个很大的问题。组织犁牛合作社,动员一切无牛人家自动地合股买牛共同使用,是我们应该注意的事。水利是农业的命脉,我们也应予以极大的注意。目前自然还不能提出国家农业和集体农业的问题,但是为着促进农业的发展,在各地组织小范围的农事试验场,并设立农业研究学校和农产品展览所,却是迫切地需要的。"[①]

毛泽东是将生态因素置于经济建设的整个大系统下进行思考的,森林的培育、水利的建设、肥料和种子问题等,毛泽东在阐释党的经济政策时都有关注。这些与环境相关问题的解决并不是孤立的,而必须置于战争环境的经济建设中。无产阶级领导的革命建设,最根本的依靠就是群众,故而无论是经济建设、环境建设,还是战争动员,都要发动群众积极性和主动性。

1942年12月,毛泽东在陕甘宁边区高级干部会议上指出:"发

---

① 《毛泽东选集》第1卷,人民出版社1991年版,第131—132页。

第四章 中国共产党对天人合一的探索与实践

动群众种柳树、沙柳、柠条,其枝叶可供骆驼及羊子吃,亦是解决牧草一法。同时可供燃料,群众是欢迎的。政府的任务是调剂树种,劝令种植。"①1943年11月29日,毛泽东在中共中央招待陕甘宁边区劳动英雄大会上指出:"我们用自己动手的方法,达到了丰衣足食的目的。……把群众力量组织起来,这是一种方针。"②

中国共产党对于环境保护的早期探索,始终是站在劳动群众的立场上进行的,将耕地、水利、森林、畜产等事关广大农民切身利益的自然生产资料进行合理分配和保护,调动群众的生产积极性。正因为中国共产党将为人民群众谋幸福与环境保护紧密结合起来,执行的相关环境政策也得到群众的真心拥护与支持,从而有力地推动了革命根据地的发展,扩大和巩固了红色政权。

新民主主义革命时期,党十分关注人民利益与生产环境、生产要素。这一时期的"天""人"理念,一方面是尊重自然规律,改良水利、改善种子质量、开发土地、发展生产;另一方面是保护与体谅人民,减轻赋税,发展生产促丰收,保障民生。这些理念也指导着具体立法和政策的制定。

二、制定法规政策,尊重自然,依靠群众

新民主主义革命时期,颁布了一系列法律文件,起到了规范生

---

① 中共中央文献研究室、国家林业局:《毛泽东论林业》(新编本),中央文献出版社2003年版,第17页。
② 《毛泽东选集》第3卷,人民出版社1991年版,第929—930页。

产方式、保护当地环境的作用。这一系列法律和政策文件，不仅是中国革命史上的重要篇章，也是我国生态环境保护法治化进程中的宝贵财富。

（一）尊重自然规律，保护自然环境

土地革命战争时期，党领导的苏区颁布了《中华苏维埃共和国土地法》，提出建立新的灌溉、培植森林等。①《陕甘宁边区植树造林条例》要求迅速完成各地各个气候据点上的植树造林工作。②当时，鼓励群众开垦荒地，但是禁止开垦山荒，因为开垦山荒可能引发山洪。例如，《华北人民政府农业部奖励农业增产的指示》（1949年4月5日）规定："在土地改革已完成、地权已确定的地区，目前中心是发动群众修整耕地，精耕细作，发扬群众新英雄主义，展开生产竞赛，充分发挥土地效能。在新解放区土地改革尚未进行或进行尚未结束，春耕已经到来，要切实执行谁种谁收的政策，以免土地荒芜。"③可见，当时是奖励群众开垦荒地的，但是"严格禁止开垦山荒（山坡地）以防止山洪汛滥，过去已开垦的山荒，可动员群众修成梯田或改植树木，农业税上规定新修梯田免税三年，应广为宣传，

---

① 江西省档案馆、中共江西省委党校党史教研室：《中央革命根据地史料选编》（下），江西人民出版社1982年版，第462页。
② 《红色档案：延安时期文献档案汇编·陕甘宁边区政府文件选编》第3卷，陕西人民出版社2014年版，第44页。
③ 张希坡：《革命根据地法律文献选辑：解放战争时期新解放区的法律文献（1945—1949）华北解放区》（第四辑第一卷），中国人民大学出版社2019年版，第298页。

第四章 中国共产党对天人合一的探索与实践

如因停止开荒影响当地群众生活的,可帮助其进行其他生产。山岳地区署、县可发布禁开山荒的布告。并向群众说明禁开山荒的意义,督促切实执行"①。

(二)尊重群众,依靠群众

根据当时的情况,田禾丰收的意义关乎改善翻身后农民生活和解放全东北及支援全国战争。②"群众由于亲身体验,深知植树造林的利益,其所以仍有疑虑,主要是怕破坏,这成为今天开展植树造林运动上的最大思想障碍。关于林木保护,过去虽曾一再提出,但因执行不够认真,和很少检查,致未能成为群众之习惯,目前政府暂不颁布条例,各地可用布告会议方法强调保护,禁止破坏,并尽可能地由县、区干部具体帮助村订立护林公约,并推定专人掌管,公约应当解决当地的实际问题,不须繁冗条文,和过于苛重的罚则,但要认真贯彻执行,勿使成为具文。"③

当时的生态环保相关政策非常重视人民的感受,面对可能出现的生态灾害,文件要求相关责任人员恪尽职守,坚决维护群众的切

---

① 张希坡:《革命根据地法律文献选辑:解放战争时期新解放区的法律文献(1945—1949)华北解放区》(第四辑第一卷),中国人民大学出版社2019年版,第298页。

② 张希坡:《革命根据地法律文献选辑:解放战争时期新解放区的法律文献(1945—1949)东北解放区》(第四辑第二卷),中国人民大学出版社2019年版,第83页。

③ 张希坡:《革命根据地法律文献选辑:解放战争时期新解放区的法律文献(1945—1949)华北解放区》(第四辑第一卷),中国人民大学出版社2019年版,第300页。

身利益。"明确职责，严明赏罚：过去各河决口，水大虽是一个重要原因，但由于疏于防守者亦不在少数，此种对人民不负责的现象，必须坚决纠正。河段划分后，要明确职责，规定奖惩办法，赏罚要严明及时，如果不是不可抗拒的情况而是由于不负责任招致决口，任何借口都是不允许的，并要针对实际情形，对有关人员给以行政处分，对积极负责，努力防守，化险为夷的干部群众，给以奖励。"[1]

当时也注重协助群众防治虫害。"各地应当配备行政人员与技术人员组织强有力的防虫队伍，本部并已商得华大、北大和清华之农学院、农业科学研究所和研究院之同意，派遣专门教授及技术人员到几个较大的农场去，实际研究与帮助。"[2]"凡能充分利用为人民服务者奖励，像过去某些地区掌握着药械而闲置不用，坐视虫害蔓延者应受处罚。"[3]

（三）保障群众利益

在当时，党已经清醒地认识到，保障群众利益与发动群众积极性和鼓励生产之间的关系。"发动群众护林，必须与群众本身利益结

---

[1] 张希坡：《革命根据地法律文献选辑：解放战争时期新解放区的法律文献（1945—1949）华北解放区》（第四辑第一卷），中国人民大学出版社2019年版，第303页。

[2] 张希坡：《革命根据地法律文献选辑：解放战争时期新解放区的法律文献（1945—1949）华北解放区》（第四辑第一卷），中国人民大学出版社2019年版，第304页。

[3] 张希坡：《革命根据地法律文献选辑：解放战争时期新解放区的法律文献（1945—1949）华北解放区》（第四辑第一卷），中国人民大学出版社2019年版，第305页。

第四章
中国共产党对天人合一的探索与实践

合,国有、公有林应允许附近群众按照指定办法与时间修枝间伐及进行刨药材等副业生产,这样才能启发与提高群众积极保护林木的兴趣,同时也有利于林木的成长。""许多地方在土地改革中强调反对破坏限制群众对于其树木的自由处理,砍伐必须经过农会批准。目前土地改革完成,地权、树权等已确定,如继续限制,将会影响群众植树兴趣,甚至发生疑虑,故不应再予限制,以解除造林运动开展上障碍。"① 因为当时在边区实行一刀切的林木公有制度,群众失去了种植的动力,针对这种情形,边区政府调整政策,规定林木可以私有。林木保护政策法令还随着革命形势的变化不断修正、完善。为了实现耕者有其田但又不脱离全国广大群众,争取暂时和平,1946年陕甘宁边区政府公布了《陕甘宁边区征购地主土地条例草案》,规定征购"土地上之树木及果园,属于佃户栽种者归佃户。属于地主栽种者归地主。荒山自生之森林随地处理"②。"宣布奖励生产灭荒政策,如确定地权、保障收益、减免负担等项,认真执行农业部四月五日奖励农业增产,奖励消灭平荒禁开山荒,以打破群众思想顾虑,发挥其消灭荒地的积极性。"③ "奖励生产政策,发展农业生产确立与巩固广大农民勤劳发家致富的思想,以提高生产积极性,

---

① 张希坡:《革命根据地法律文献选辑:解放战争时期新解放区的法律文献(1945—1949)华北解放区》(第四辑第一卷),中国人民大学出版社2019年版,第300页。

② 谭虎娃、高尚斌:《陕甘宁边区森林保护研究》,《兰州学刊》2010年第11期,第206—207页。

③ 张希坡:《革命根据地法律文献选辑:解放战争时期新解放区的法律文献(1945—1949)华北解放区》(第四辑第一卷),中国人民大学出版社2019年版,第306页。

凡土改已完成地区，应普遍地发地照，确定地权房权，保障私有，自己经营所得，完全归自己所有，有经营交换自由，以奖励发展生产。"① "粮食局收购羊草应本公私两利原则，必须保证农民在羊草生产中应得之利益，并给以方便与帮助。"②

三、因地制宜，种植林木，兴修水利

（一）种植林木

新民主主义革命时期，中国共产党保护环境，改善农业生产。为了减少因为砍伐林木引发的自然灾害对环境造成的破坏，党不仅采取了植树造林、蓄养水源等措施，还颁布了相关条例，发动干部群众积极参与。当时，种植林木既有人为砍伐之后的复种，也有为防治自然灾害的林木栽培。

【案例】陕甘宁边区树林的复种

陕甘宁边区因地形、气候和人为砍伐等，森林面积不断减少，部分良田变沙丘。③ 例如，华池平定川以西的柏树纯林区，山民砍伐

---

① 张希坡：《革命根据地法律文献选辑：解放战争时期新解放区的法律文献（1945—1949）东北解放区》（第四辑第二卷），中国人民大学出版社 2019 年版，第 104 页。

② 张希坡：《革命根据地法律文献选辑：解放战争时期新解放区的法律文献（1945—1949）东北解放区》（第四辑第二卷），中国人民大学出版社 2019 年版，第 82 页。

③ 江心、王希群、郭保香等：《陕甘宁边区林业发展史研究》（1937—1950），《北京林业大学学报（社会科学版）》2012 年第 1 期，第 4—5 页。

第四章
中国共产党对天人合一的探索与实践

柏树既作为经济收入,也自用。经三年砍伐,林木几乎罄尽。林木的丧失加剧了陕甘宁边区蒸发量,霜降期变长,温度变动特别剧烈,旱涝、风雹频发,瘟疫与灾害并来。①

要发展生产就必须大力改善生态环境,大规模植树造林。边区森林考察团提交的《陕甘宁边区森林考察报告》提出:"仍任其像近年来的任意砍伐滥伐、焚烧等,我们相信在不远的将来,整个边区将不免限于极端气候的恶化和闹水荒的境遇。"②陕甘宁边区政府于1941年1月29日施行的《陕甘宁边区森林保护条例》,规定"凡属本边区境内之森林或树株,无论其为公、私所有均得享受本条例之保护",属保安林性质的森林"任何人不得砍伐或危害之"。③

学者研究数据显示,1938—1942年,陕甘宁边区政府发动群众植树260万株,1943—1946年,在陕北张家畔荒滩植树500余万株。同时,通过《解放日报》和编写小册子进行宣传,说明森林的重要性,增强环保理念。④

当时没有盲目开荒种植,也没有盲目估计产量,而是因地制宜种植各种作物。例如,胶土、沙质壤土,种一般作物,沙碱地,造

---

① 谭虎娃、高尚斌:《陕甘宁边区森林保护研究》,《兰州学刊》2010年第11期,第205—206页。
② 江心、王希群、郭保香等:《陕甘宁边区林业发展史研究》(1937—1950),《北京林业大学学报(社会科学版)》2012年第1期,第12页。
③ 《陕甘宁边区政府文件选编》第3辑,档案出版社1987年版,第43页。
④ 江心、王希群、郭保香等:《陕甘宁边区林业发展史研究》(1937—1950),《北京林业大学学报(社会科学版)》2012年第1期,第12—14页。

林及种植红荆、牧草等。①"关于树种选择,各地可因地制宜"②,同时做到不违农时,"应根据各地自然条件,各种作物特性,及农民耕作节令适时地领导进行耕耘收获,提高劳动效力,缩短农作时间,但不能违背农时,以致影响作物生长减少产量。农忙季节停止和减少农场群众不必要的会议以免妨碍农作"③。

(二)兴修水利

党对兴修水利事业也给予深切关注,不仅在施政纲领和重要会议上对兴修水利进行指导,还在各项具体时令工作任务上进行部署。1938年1月,《陕甘宁边区建设厅训令第一号》指出,春耕生产的任务包括"对于能引水灌溉的川地应领导群众合力修渠,发展水利"。④《建设厅关于春耕动员工作的讨论提纲》也指出,春耕前的开荒运动包括兴修水利:"各县注意探勘兴修水利便宜的地区,发动群众有组织有计划地去修水地。注意在延安南门外莲花池、枣园、桥儿沟、罗家坪,安定芋家湾,甘泉劳山川,华池太白川,延长贺家

---

① 张希坡:《革命根据地法律文献选辑:解放战争时期新解放区的法律文献(1945—1949)华北解放区》(第四辑第一卷),中国人民大学出版社2019年版,第305页。

② 张希坡:《革命根据地法律文献选辑:解放战争时期新解放区的法律文献(1945—1949)华北解放区》(第四辑第一卷),中国人民大学出版社2019年版,第308页。

③ 张希坡:《革命根据地法律文献选辑:解放战争时期新解放区的法律文献(1945—1949)东北解放区》(第四辑第二卷),中国人民大学出版社2019年版,第102页。

④ 陕甘宁边区财政经济史编写组:《抗日战争时期陕甘宁边区财政经济史料摘编》(第2编 农业),陕西人民出版社1981年版,第188—189页。

第四章
中国共产党对天人合一的探索与实践

坪、康家坪等处进行修水利。"① 这一时期,党带领人民兴修了多个水利工程,"特别是随着大生产运动进入高潮,水利工程规模从小微化向适应生产力发展要求的小中型方向转变,极大地促进了农业生产发展。各级党委政府在非常困难的情况下,拨出专款修建水利工程,大力倡办民间小型水利"②。

【案例】兴修水利

太湖:"1927 年初,中央政府在接收江南水利局等单位的基础上,组建太湖流域水利工程处,开始从全流域范围开展地形、水文测量工作和防洪、防潮、航运、灌溉等工程计划。"③

淮河:"抗日战争和解放战争时,在新四军和八路军的根据地内修筑了洪泽湖大堤和淮北大堤,整治了苏北运河,建设了苏北除涝灌溉工程等。"④

其他水域:"建成延安裴庄渠(幸福渠)、子长渠、靖边杨桥畔渠、绥德绥惠渠等一批重点水利工程和数量众多的小型水利工程。得益于兴修水利,边区水利灌溉的耕地面积、粮食产量迅速增加,水浇地从 1937 年 801 亩增加到 1943 年 41109 亩,粮食产量

---

① 陕甘宁边区财政经济史编写组:《抗日战争时期陕甘宁边区财政经济史料摘编》(第 2 编 农业),陕西人民出版社 1981 年版,第 192 页。
② 中共水利部党组:《党领导新中国水利事业的历史经验与启示》,《水资源开放与管理》2021 年第 9 期,第 1 页。
③ 《太湖水利史》,中华人民共和国水利部,http://www.mwr.gov.cn/szs/sls/202208/t20220810_1590588.html. 最后访问日期 2024 年 10 月 11 日。
④ 《淮河水利史》,中华人民共和国水利部,http://www.mwr.gov.cn/szs/sls/202208/t20220810_1590623.html. 最后访问日期 2024 年 10 月 11 日。

读懂天人合一

由 100 万石左右增加到 200 万石以上，边区军民基本实现丰衣足食。1946—1949 年解放战争期间，山东解放区与冀鲁豫解放区的人民在党的正确领导下，克服困难，修复黄河堤防，组织防汛，开启了'人民治黄'新篇章。"①

兴修水利时尊重规律也包括如何统筹安排生产或救灾，制订和优化行之有效的计划，"要有长期打算，应修与先修哪些堤坝，应有计划有步骤地进行。有些地方治水防水应与发展水田结合起来，上下流省份也应配合进行，勿以邻为壑"②。

总的来说，在新民主主义革命时期，党以革命为首要工作，长期进行着异常艰难的奋进斗争。在环境保护问题上，党强调必须遵循自然界的客观规律，尊重并依靠广大人民群众的力量，激发群众参与环境保护的热情与积极性，体现了"天时、地利、人和"的天人合一思想，更在实践中身体力行，努力探索出一条既符合革命需求又兼顾环境保护的道路。

---

① 中共水利部党组：《党领导新中国水利事业的历史经验与启示》，《水资源开放与管理》2021 年第 9 期，第 1 页。

② 张希坡：《革命根据地法律文献选辑：解放战争时期新解放区的法律文献（1945—1949）东北解放区》（第四辑第二卷），中国人民大学出版社 2019 年版，第 83 页。

第二节　社会主义革命和建设时期践行天人合一

新中国成立后，中国共产党团结带领全国人民自力更生、发愤图强，实现了一穷二白人口众多的东方大国迈进社会主义社会的伟大飞跃。社会主义基本制度确立后，人民群众实现当家作主，发扬主人翁精神，生产积极性高涨。党领导人民在农业、手工业、工商业等各方面进行社会主义改造，促进各项事业的恢复和发展。党领导人民创造了社会主义革命和建设的伟大成就，既实现了农业的增产增收，保障了全国粮食供应的稳定，又充分发挥主观能动性，积极维护创造有利的生态环境，完成了多个大型水利工程、大型防护林工程，在一些地方实现了通水、固沙的壮举，堪称奇迹。

一、热情建设，绿化祖国

（一）环境保护提上日程

新中国成立后，百废俱兴，旧貌需要换新颜，我国掀起生产的高潮。生产生活都需要用水便利，各项大小型水利工程开始实施。为了保证国防的巩固和国家的安全，保证经济上的完全独立，我国确立了

读懂天人合一

优先发展重工业的工业化战略,促使重工业获得突飞猛进的增长;在追求经济发展的同时,我国面临着环境保护与经济发展之间平衡的挑战。以毛泽东同志为主要代表的中国共产党人敏锐地洞察到自然与环境保护的重要性,采取一系列具有前瞻性的措施,努力寻求经济发展与环境保护之间的协调。

美国畅销书《寂静的春天》揭露除草剂杀虫剂工业化学制剂对动植物和环境的伤害,并延伸到人类,引起人们对生态链、生态系统的重视。20世纪60年代末,美国民众以游行示威、街头抗议、集会演说等形式,呼吁保护环境,表达对政府保护环境不力的不满。"至今美国所有的几百项环境法规大部分都是在当时制定的,其中一些最重要的法律,如国家环境政策法、空气污染法、水污染法以及濒危物种法都是在这个时期推出的。因此,有人称20世纪70年代是'绿色10年'。"[1]

1972年6月,我国政府代表团参加了联合国人类环境会议。这次会议通过了《人类环境宣言》,我国为这次会议的成功作出了积极的贡献。[2] "代表团在回国后的总结汇报中提出了我国环境问题的严重性,指出:中国城市和江河污染程度不比西方国家轻,而在自然生态某些方面破坏的程度甚至在西方国家之上。周恩来明确表示:对环境问题再也不能放任不管了,应当把它提到国家的议事日程上

---

[1] 羽仪:《20世纪60—70年代美国环保运动史述评》,《湖南社会科学》2009年第1期,第178页。
[2] 《改革开放30年报告之十五:环境保护事业取得积极进展》,国家统计局,https://www.stats.gov.cn/zt_18555/ztfx/jnggkf30n/202303/t20230301_1920474.html. 最后访问日期2024年5月8日。

来。他指示，要立即召开全国性的环境保护会议。"①

（二）使我国的河山全部绿化起来

社会主义革命和建设时期，在农业生产方面，为了提升农作物产量，需要在增产上下功夫。党的八大政治报告提出："必须进行严重的努力。粮食、棉花必须力求继续增产。油料作物、猪和其他牲畜、有些副业产品在过去几年中增产不快，有的甚至一度下降，必须由农业和商业部门采取有效措施，促进它们的尽速增产。在第二个五年内，农业增产的主要方法，仍然是依靠农业合作社和农民群众采用兴修水利、增施肥料、改良土壤、改良品种、推广新式农具、提高复种指数、改进耕作方法、防治病虫灾害等项措施，来提高单位面积产量。实现农业增产的潜力是巨大的。例如在水利方面，现有的灌溉面积只占全国耕地面积三分之一，在其余三分之二的耕地中，有许多是可以找到水源灌溉的。在肥料方面，人畜粪尿和绿肥等自然肥料，来源很丰富，肥效也高，现在还有不少地方是没有充分利用这些肥源的。我国农村有丰富的人力，而且在农业合作化的基础上组织起来了。只要正确地坚持不懈地推行上述措施，完成建议中的第二个五年的增产指标是完全可能的。"到党的十一大时，大会政治报告提出了"建设现代农业的目标"，即"农业要机械化，农业要学大寨，较快地建设我国的现代农业"。

在绿化祖国方面，毛泽东提出"绿化祖国"口号，并在1958

---

① 《1973年：环境保护开始起步》，中华人民共和国中央人民政府，https://www.gov.cn/jrzg/2009-08/30/content_1404821.htm. 最后访问日期2024年10月8日。

读懂天人合一

年做出了多个关于绿化和种植的论述。1958年4月3日，毛泽东在中共中央政治局扩大会议上指出："真正绿化，要在飞机上看见一片绿。种下去还未活，就叫绿化？活了未一片绿，也不能叫绿化。好多地方还是黄的，只能叫黄化……要粮食到手，树木到眼，才能算数。"①1958年7月12日，毛泽东在会见黑非洲青年代表团时指出："一个国家获得解放后应该有自己的工业，轻工业、重工业都要发展，同时要发展农业、畜牧业，还要发展林业。森林是很宝贵的资源。"②1958年8月，毛泽东在北戴河召开的中共中央政治局扩大会议上指出："要使我们祖国的河山全部绿化起来，要达到园林化，到处都很美丽，自然面貌要改变过来……农林牧是互相关系、互相影响的。农林牧，一个动物，一个植物，是人类少不了的。"③

以毛泽东同志为主要代表的中国共产党人，在思考和解决环境问题上始终坚持人民立场，即为了人民群众的安居乐业解决环境问题，依靠人民群众力量解决环境问题，调动人民群众参与的积极性长久治理环境问题。借由毛泽东对淮河治理的指导，可以了解环境建设的指导思想。

在新中国成立后不久，淮河发生特大洪涝灾害，给百姓带来严重损失。1950年7月至9月，毛泽东给周恩来发出4封文电强调，

---

① 中共中央文献研究室、国家林业局：《毛泽东论林业》（新编本），中央文献出版社2003年版，第48页。

② 中共中央文献研究室、国家林业局：《毛泽东论林业》（新编本），中央文献出版社2003年版，第50页。

③ 中共中央文献研究室、国家林业局：《毛泽东论林业》（新编本），中央文献出版社2003年版，第51页。

第四章
中国共产党对天人合一的探索与实践

既要应急救援百姓,又要从根本上予以解决。7月20日,毛泽东在文电中写道:"除目前防救外,须考虑根治办法,现在开始准备,秋起即组织大规模导淮工程,期以一年完成导淮,免去明年水患。请邀集有关人员讨论(一)目前防救、(二)根本导淮两问题。如何,请酌办。"① 由此可以看出,毛泽东在新中国成立后对于环境问题的思考始终是坚持人民立场,这一点与新民主主义革命时期是一脉相承的。另外,由于我们党的历史任务发生了变化,此时已经全面执政,有能力有条件带领人民群众创造更好的生活生产条件,故而对于淮河产生的生态环境问题,在新的历史条件下要有全方位的治理措施。对于如何治理淮河,毛泽东强调系统协调的工作方法。8月31日,毛泽东在文电中写道:"导淮必苏、皖、豫三省同时动手,三省党委的工作计划,均须以此为中心。"② 淮河问题的系统性解决必须依靠集体的力量,而不同单位间的协调就尤为重要,毛泽东的解决方案无疑是具有系统性、科学性的引领。

对于治理淮河的具体实施,9月21日,毛泽东在文电中写道:"治淮开工期不宜久延,请督促早日勘测,早日做好计划,早日开工。"③ 一连三个"早"字,既反映了毛泽东对于做好治理淮河工作的高度重视和急切关注,也真切反映了中国共产党和人民群众的血肉联系。只有早日解决淮河的生态问题,才能让群众早日恢复生产生活。

---

① 《毛泽东文集》第6卷,人民出版社1993年版,第85页。
② 《毛泽东文集》第6卷,人民出版社1993年版,第86页。
③ 《毛泽东文集》第6卷,人民出版社1993年版,第86页。

新中国成立后，中国共产党在全面执政的基础上积极带领人民群众进行环境建设，制定具有全局性、前瞻性、战略性的方针，依靠人民群众系统性开展环境治理工作。

二、制定环保政策法规，保护环境，造福人民

（一）多个环保政策文件出台

1949年制定的《中国人民政治协商会议共同纲领》明确指出，人民政府应根据国家计划和人民生活的需要，争取于短时期内恢复并超过战前粮食、工业原料和外销物资的生产水平，应注意兴修水利、防洪防旱、恢复和发展畜力，增加肥料，改良农具和种子，防止病虫害，救济灾荒，并有计划地移民开垦。保护森林，有计划地发展林业。保护沿海渔场，发展水产业。保护和发展畜牧业，防止兽疫。[①]

在林业方面，从1950年到1978年，相关政策和要求陆续出台。例如，1950年3月11日，林垦部、交通部发布《关于公路行道树栽植试行办法》。3月18日，林垦部发布《关于春季造林的指示》，要求各地发动群众普遍栽树，有计划地营造防护林，尽可能普遍地、有计划地推行封山育林，鼓励农民大量培植油桐、竹子等林木，重点培植薪炭林，开展育苗。4月14日，中央人民政府政务院

---

① 《中国人民政治协商会议共同纲领》，中国人民政治协商会议全国委员会，http://www.cppcc.gov.cn/2011/12/16/ARTI1513309181327976.shtml，最后访问日期2024年9月6日。

第四章
中国共产党对天人合一的探索与实践

第二十八次政务会议审议通过《关于全国林业工作的指示》，规定林业建设的方针是：普遍护林，选择重点有计划地造林，并大量采种育苗；合理采伐，节约木材，进行重点的林野调查；及时培养干部。同时，本次会议还对林业机构设置等问题作了规定。6月15日，中央人民政府政务院发布《关于严禁铁路沿线居民砍伐路植树木的通令》。10月19日，政务院、人民革命军事委员会发布《关于各级部队不得自行采伐森林的通令》。①

1951年，政务院发布了《关于1951年农林生产的决定》。该文件指出要实行山林管理。具体措施有：严禁烧山和滥伐，划定樵牧区域，发动植树种果，推行合作造林。为了保持水土，还应分别在不同地区，禁挖树根、草根。对保护培育山林和植树造林有显著成绩者，人民政府应给以物质的或名誉的奖励。公有荒山荒地，鼓励群众承领造林，造林后，林权归造林者所有。②

1957年10月22日，全国人民代表大会常务委员会通过《1956年到1957年全国农业发展纲要（修正草案）》。其中第十八条规定，从1956年起，在12年内，在自然条件许可和人力可能经营的范围内，绿化荒山荒地。在一切宅旁、村旁、路旁、水旁，只要有可能，都要有计划地种起树来。③

---

① 《1950年林业大事记》，国家林业和草原局、国家公园管理局，https://www.forestry.gov.cn/c/www/lcdsj/1422.jhtml. 最后访问日期2024年9月6日。
② 《1951年林业大事记》，国家林业和草原局、国家公园管理局，https://www.forestry.gov.cn/c/www/lcdsj/1193.jhtml. 最后访问日期2024年9月6日。
③ 《1957年林业大事记》，国家林业和草原局、国家公园管理局，https://www.forestry.gov.cn/c/www/lcdsj/1122.jhtml. 最后访问日期2024年5月8日。

（二）环境相关立法发布施行

1963 年，我国第一部相对完整的森林资源保护法规——《森林保护条例》发布施行。该文件规定，防止滥伐，禁止毁林开荒，防治病虫害，有力地保护了森林资源，促进了林业发展。[1]1973 年 8 月，国务院召开了第一次全国环境保护会议，通过了我国第一部关于环境保护的文件——《关于保护和改善环境的若干规定》，提出了"全面规划，合理布局，综合利用，化害为利，依靠群众，大家动手，保护环境，造福人民"的环境保护三十二字方针，成为我国环保事业的第一个里程碑。[2]

（三）初步成立环境保护主管部门

在新中国成立初期，虽然没有专门的环保行政部门，但国家通过一些政府部门，如林业部（林垦部）、水利部等，来指导环境保护工作。1972 年，由万里任组长的官厅水系水源保护领导小组成立。1973 年，设立国务院环境保护领导小组办公室。1974 年，成立国家建设委员会环境保护办公室，代管国务院环境保护领导小组办公

---

[1]《森林保护条例》(1963)，《中华人民共和国国务院公报》(1963 年第 11 号)，中华人民共和国中央人民政府，https://www.gov.cn/gongbao/shuju/1963/gwyb196311.pdf. 最后访问日期 2024 年 10 月 14 日。参见陆波、方世南：《中国共产党百年生态文明建设的发展历程和宝贵经验》，《学习论坛》2021 年第 5 期，第 8 页。

[2]《新中国 60 周年系列报告之十七：环境保护成就斐然》，中华人民共和国中央人民政府，https://www.gov.cn/gzdt/2009-09/28/content_1428543.htm. 最后访问日期 2024 年 10 月 14 日。

室。① 在这一时期，林业部、水利部、卫生部等部门也在各自的职责范围内开展了环境保护工作。例如，林业部负责拟定和实施林业工作的方针政策和保护森林资源，水利部负责管理水利事业，包括水资源管理和水土保持等。

三、抗灾保产，治水造林

虽然"由于这一时期的主要任务是进行社会主义革命和探索推进社会主义建设，当与'建设'发生冲突时，环境保护往往让位于'建设'，导致我国环境问题日益凸显"②；但是客观而言，很多大型水利工程和大型防护林工程也是在这一时期开始建设的，它们在改善人民生产生活环境中发挥了重要作用。

（一）治水

社会主义革命和建设时期，国家百废待兴，面对频发的自然灾害，尤其是严重的水旱灾害，党和政府高瞻远瞩，决定在全国范围内大力兴修水利，以保障农业生产、改善民生条件。人们以愚公移山、敢教日月换新天的勇气，建设了很多大型水利工程。例如"四大水利"工程建设，包括治理淮河、治理长江洪水、治理黄河、治

---

① 参见环境保护部环境规划院整理：《国务院环境保护机构改革历程》，《环境保护》2008年7月，第35页。
② 吕忠梅、田时雨：《论具有中国特色环境法典的编纂》，《中国法律评论》2022年第2期，第3页。

理海河，形成了防洪、排涝体系，奠定了我国水利基础。[①] 其中具有代表性的有：30 万军民用 75 天时间建成"为世界和平事业所作出的卓越贡献"的世界性水利工程荆江分洪工程[②]、解决林县饮水问题的红旗渠工程。

【案例】红旗渠——人工天河水利奇迹

林县山高坡陡，水源奇缺。林县人民从 1956 年至 1958 年奋力拼搏，建成了多座水库工程，初步缓解了用水困境。1959 年，林县遇到了前所未有的干旱，河流干涸，水库无水可蓄，人畜饮水有困难。县委经过多次讨论，认为要解决水的问题，必须打破区域界限，到境外去寻找新的可靠的水源。经过调查，发现浊漳河水量充沛，可以引水。1959 年 10 月 10 日，林县县委召开会议，作出兴建引漳入林工程的决定。经过豫晋两省协商同意，该工程于 1960 年 2 月正式动工。以县委领导为先导，首批修渠人员 3.7 万人开进太行山。县委要求修渠人员学习解放军严格遵守群众纪律的作风。引漳入林工程被命名为"红旗渠"。

修渠过程历经多种严峻挑战。1965 年 12 月，总干渠通水。1966 年 4 月，三条干渠同时竣工。1969 年 7 月，红旗渠配套工程完成。

---

① 参见黄承梁：《中国共产党百年生态文明建设的历史逻辑和理论品格》，《哲学研究》2022 年第 4 期，第 17 页；黄承梁：《中国共产党领导新中国 70 年生态文明建设历程》，《党的文献》2019 年第 5 期，第 49—50 页。

② 参见黄承梁、杨开忠、高世楫：《党的百年生态文明建设基本历程及其人民观》，《管理世界》2022 年第 5 期，第 9 页。

第四章
中国共产党对天人合一的探索与实践

林县人民坚毅不拔、愚公移山,仅仅靠着锤、钎和双手,历时10年在太行山腰上凿出了一条长达1500多公里的红旗渠。这条水渠使得林县人民可以获得持续的水源,根本改变了林县人民的生存环境。

20世纪70年代,周恩来会见国际友人时说:"新中国有两大奇迹:一个是南京长江大桥;一个是河南林县的红旗渠。"在红旗渠修建过程中孕育形成的"自力更生、艰苦创业、团结协作、无私奉献"的红旗渠精神,是中国共产党人精神谱系的重要组成部分。[①]

(二)造林

1950年,林垦部在北京召开第一次全国林业业务会议,确定了"普遍护林,重点造林,合理采伐与利用"的林业建设方针。同时,决定筹备开发大兴安岭林区,整理木材工业,开展森林调查。[②]

1951年,政务院发布《关于1951年农林生产的决定》,指出:实行山林管理。严禁烧山和滥伐,划定樵牧区域,发动植树种果,推行合作造林。为了保持水土,还应分别在不同地区,禁挖树根、草根。对保护培育山林和植树造林有显著成绩者,人民政府应给以

---

① 参见杨贵:《一切为了人民的利益——红旗渠开凿记》,《中国监察》2006年第12期,第56—62页;毕明阳:《论红旗渠精神的深刻内涵和时代价值》,《思想教育研究》2019年第11期,第111页;本报评论员:《红旗渠精神历久弥新,永远不会过时》,《人民日报》2021年11月11日;李兵:《新中国的人工"天河":红旗渠——兼论新时代视域下红旗渠精神的内涵及当代价值》,《水文化》2024年第2期,第77—80页。

② 《1950年林业大事记》,国家林业和草原局、国家公园管理局,https://www.forestry.gov.cn/c/www/lcdsj/1422.jhtml. 最后访问日期2024年10月15日。

物质的或名誉的奖励。公有荒山荒地，鼓励群众承领造林，造林后林权归造林者所有。①

1963年3月3日，中共中央批转中南局《关于发展造林事业的决定》和《对重点林区工作的几点意见》，指示"各地党委对于造林事业必须予以充分重视"，"在造林事业中，要着重抓好国营造林，并要积极地发动群众造林，使造林工作普遍开展起来"。同年12月10日至30日，林业部在北京召开全国国营林场工作会议，决定：国营林场贯彻执行"以林为主，林副结合，综合经营，永续作业"的方针，逐步发展为采育造综合经营、永续作业的林业企业。②

【案例】营造防沙林

1951年2月14日至24日，林业部在北京召开全国林业会议，决定迅速推广冀西治沙造林的成功经验，在豫东、东北西部、西北的三边、榆林等地营造防沙林。同时，决定扩大冀西沙荒造林局干部队伍，从北京、天津抽调了20多名林业技术人员充实到冀西沙荒造林局，并批准在冀西沙荒造林局成立训练班，为甘肃、新疆、陕西等治沙造林重点地区培养干部。3年之内，冀西沙荒造林局在冀西3万余公顷沙荒中，完成了林带、林网和片林的造林规划，万亩

---

① 《1951年林业大事记》，国家林业和草原局、国家公园管理局，https://www.forestry.gov.cn/c/www/lcdsj/1193.jhtml. 最后访问日期2024年9月6日。

② 《1963年林业大事记》，国家林业和草原局、国家公园管理局，https://www.forestry.gov.cn/c/www/lcdsj/1240.jhtml. 最后访问日期2024年5月8日。

第四章
中国共产党对天人合一的探索与实践

沙荒变良田，为新中国成立初期开展重点造林起了示范作用。①

  许多具有里程碑意义的大型生态环境工程是在这一时期建设或开启建设的。它们在促进农业生产、优化民众生活条件方面功不可没，大大改善了我国人民的生产生活环境。与此同时，人们环境保护意识的萌芽悄然生长，林木种植活动逐渐兴起。此外，现代环境法治建设亦在这一时期揭开序幕，为后续环境保护与可持续发展的法治框架奠定了坚实基础。

---

① 上官诗媛、高林：《新中国成立前后的冀西治沙造林运动》，《共产党员》（河北）2023年第9期，第55—56页。

第三节　改革开放和社会主义现代化建设新时期践行天人合一

1978年12月,党的十一届三中全会召开,重新确立了解放思想、实事求是的思想路线。全会作出了把党和国家工作中心转移到经济建设上来,实行改革开放的历史性决策,开启了改革开放和社会主义现代化建设的伟大征程。

改革开放以来,中国经济和人民生活水平得到了大幅度提高,生态文明建设也进入新的阶段。伴随改革开放进程的推进,环境质量也经历了不同阶段的波浪式变化。在迅速推进工业化、城镇化的过程中,生态环境越来越受到全社会的重视。人们对环境保护和经济发展关系的认识逐渐深化,国家先后出台了一系列环境保护法律法规和政策措施。

我国对环境保护的投入大幅增加,环境污染治理不断推进,生态环境保护建设不断加强,城乡居民生活环境持续改善。环境保护事业自20世纪80年代后全面进入法治化、规范化的阶段。随着经济发展、人民生活水平的提高,社会环保意识逐渐增强。

第四章
中国共产党对天人合一的探索与实践

一、确立环境保护为基本国策

（一）全国环境保护会议推进环保工作

1978年我国国内生产总值为3679亿元，1986年突破1万亿元，2000年突破10万亿元，2006年突破20万亿元。① 从1989年至2011年的环境状况公报看，我国森林面积不断增加，各种自然保护地逐渐建设，如三江源国家级自然保护区。②

【案例】三江源国家级自然保护区生物多样性保护

三江源位于青藏高原的腹地，是长江、黄河和澜沧江的发源地，被誉为"中华水塔"。2000年，三江源自然保护区正式成立。2003年，三江源自然保护区被升级为国家级自然保护区。

三江源国家公园的正式设立，对保护三江源生态系统的原真性和完整性，维护我国生态安全、资源安全、物种安全等具有重要意义。③

1983年，我国召开第二次全国环境保护会议，正式把环境保护

---

① 《75年来我国经济实力实现历史性跨越》，中华人民共和国中央人民政府，https://www.gov.cn/lianbo/bumen/202409/content_6973272.htm. 最后访问日期2024年10月5日。

② 《中国生态环境状况公报》，中华人民共和国生态环境部，https://www.mee.gov.cn/hjzl/sthjzk/zghjzkgb/index_1.shtml. 最后访问日期2024年10月8日。

③ 何敏：《守护万物和美的乐土——三江源国家公园生态保护水平不断提升》，《青海日报》2023年11月13日。

确定为我国的一项基本国策，明确了"经济建设、城乡建设和环境建设要同步规划、同步实施、同步发展，做到经济效益、社会效益、环境效益相统一"的指导方针。①1989年，第三次全国环境保护会议召开，会议形成了"三大环境政策"，即环境管理要坚持预防为主、谁污染谁治理、强化环境管理三项政策。②1996年7月，第四次全国环境保护会议召开，会议提出了保护环境的实质就是保护生产力，要坚持污染防治和生态保护并举，全面推进环保工作。③

（二）植树造林、持续发展、以人为本

1978年，党的十一届三中全会重新确立解放思想、实事求是的思想路线，停止使用"以阶级斗争为纲"的错误提法，作出把党和国家工作中心转移到经济建设上来、实行改革开放的历史性决策，实现了党的历史上具有深远意义的伟大转折。

改革开放后，中国共产党总结历史经验教训，继续探索、发展和完善中国特色社会主义道路，在保护环境、推动生态建设上有了新的思考、探索和经验总结。

---

① 《第二次全国环境保护会议》，中华人民共和国生态环境部，https://www.mee.gov.cn/zjhb/lsj/lsj_zyhy/201807/t20180713_446638.shtml. 最后访问日期2024年10月15日。

② 《第三次全国环境保护会议》，中华人民共和国生态环境部，https://www.mee.gov.cn/zjhb/lsj/lsj_zyhy/201807/t20180713_446639.shtml. 最后访问日期2024年10月15日。

③ 《第四次全国环境保护会议》，中华人民共和国生态环境部，https://www.mee.gov.cn/zjhb/lsj/lsj_zyhy/201807/t20180713_446640.shtml. 最后访问日期2024年10月1日。

第四章
中国共产党对天人合一的探索与实践

改革开放的政策极大地解放和发展了生产力，人民群众的生活水平也随之提高，但此时的生态问题出现了新的变化。一方面，经济发展引发的生态环境问题日益严峻，生态问题日益引起全社会的广泛重视。另一方面，中国共产党执政经验不断丰富，对于如何解决新形势的环境问题有更充分的物质条件基础和理论思考。

环境问题并不是孤立存在的，必须运用系统的观念予以解决。在革命战争年代，环境问题是与战时经济政策紧密相关的。当党和国家工作的中心转移到经济建设上来时，环境问题就应该在法治轨道上解决。有学者认为："在环境保护问题上，以邓小平同志为核心的党中央，最大的历史贡献在于直接推动我国第一部环境保护法的诞生，建立了以宪法为核心、以环境法为基本法、以部门法和地方法律为补充的环境保护法律体系。"①

1978年，邓小平在阐述加强法制建设的重要性时就强调环境相关法律的完善："应该集中力量制定刑法、民法、诉讼法和其他各种必要的法律，例如工厂法、人民公社法、森林法、草原法、环境保护法、劳动法、外国人投资法等等，经过一定的民主程序讨论通过，并且加强检察机关和司法机关，做到有法可依，有法必依，执法必严，违法必究。国家和企业、企业和企业、企业和个人等等之间的关系，也要用法律的形式来确定；它们之间的矛盾，也有不少要通过法律来解决。"② 可以说，改革开放后我们党的生态文明建设在向纵

---

① 黄承梁、杨开忠、高世楫：《党的百年生态文明建设基本历程及其人民观》，《管理世界》2022年第5期，第11页。

② 《邓小平文选》第2卷，人民出版社1994年版，第146—147页。

深处发展。随着经济建设快速发展所带来的环境问题，也必须在经济发展中予以解决，解决的重要方式就是为推进生态文明建设提供坚实的法治保障。

邓小平倡导植树造林。① "1979年2月23日，第五届全国人大常委会第六次会议根据国务院提议，为动员全国各族人民植树造林，加快绿化祖国，定每年3月12日为全国的植树节。根据邓小平的倡议，1981年12月，五届全国人大四次会议审议通过了《关于开展全民义务植树运动的决议》。1982年的植树节，邓小平率先垂范，在北京玉泉山上种下了义务植树运动的第一棵树。"② 1982年11月，邓小平为全军植树造林总结经验表彰先进大会题词："植树造林，绿化祖国，造福后代"。1982年12月26日，邓小平对林业部关于开展全民义务植树运动情况报告的批语中写道，植树"这件事，要坚持二十年，一年比一年好，一年比一年扎实。为了保证实效，应有切实可行的检查和奖惩制度"。③

此后，我们党十分注重发展的可持续性，将环境问题置于国家整体发展格局中进行系统考虑。以江泽民同志为主要代表的中国共产党人以可持续发展理念推进环保事业发展。1995年9月，中共十四届五中全会通过了《中共中央关于制定国民经济和社会发展

---

① 参见胡洪彬：《从毛泽东到胡锦涛：生态环境建设思想60年》，《江西师范大学学报（哲学社会科学版）》2009年第6期，第17—19页。

② 《3月12日：邓小平同志种下植树节第一棵树》，中华人民共和国中央人民政府，https://www.gov.cn/lssdjt/content_225102.htm. 最后访问日期2024年10月15日。

③ 《邓小平文选》第3卷，人民出版社1994年，第21页。

第四章
中国共产党对天人合一的探索与实践

"九五"计划和2010年远景目标的建议》,提出"实现经济与社会相互协调和可持续发展"。① 这是在党的文件中第一次使用"可持续发展"的概念。

江泽民在论及环境保护时指出:"环境保护很重要,是关系我国长远发展的全局性战略问题。"②

以胡锦涛同志为主要代表的中国共产党人强调坚持以人为本、全面协调可持续发展,着力保障和改善民生,推动生态文明建设迈上新台阶。胡锦涛十分强调经济社会发展的同时必须兼顾环境,"不仅要关注经济指标,而且要关注人文指标、资源指标、环境指标"③。2003年10月,党的十六届三中全会报告提出,要"树立和落实全面发展、协调发展和可持续发展的科学发展观。坚持以信息化带动工业化,以工业化促进信息化,走出一条科技含量高、经济效益好、资源消耗低、环境污染少、人力资源优势得到充分发挥的新型工业化路子。树立全民环保意识,搞好生态保护和建设"。

"生态文明"于2007年写入党的十七大报告,掀开了中国生态文明建设的历史大幕。

---

① 《中共中央关于制定国民经济和社会发展"九五"计划和2010年远景目标的建议》,《科技文萃》1995年第11期,第18页。
② 《江泽民文选》第1卷,人民出版社2006年版,第532页。
③ 《胡锦涛文选》第2卷,人民出版社2016年版,第67页。

二、逐步构建环境保护制度体系

（一）制定我国首部环境保护法

1978年3月，新修订的《中华人民共和国宪法》规定，"国家保护环境和自然资源，防治污染和其他公害"。这为我国的环境保护奠定了法治基础。1979年9月，我国第一部综合性的环境保护法《中华人民共和国环境保护法（试行）》通过和试行，标志着环境保护步入法制新征途，也推动了单行环境法律法规的创制，如《中华人民共和国海洋环境保护法》（1982年）、《中华人民共和国水污染防治法》（1984年）、《中华人民共和国森林法（试行）》（1979年）、《中华人民共和国草原法》（1985年）、《中华人民共和国土地管理法》（1986年）、《中华人民共和国大气污染防治法》（1987年）、《中华人民共和国水法》（1988年）、《清洁生产促进法》（2002年）、《循环经济促进法》（2008年）。①1997年，我国对《中华人民共和国刑法》进行了重要修订，其中一项关键举措是新增了破坏环境资源保护罪。

到21世纪初，生态环境保护法律制度体系初步形成，我国环境保护的主要领域基本实现了有法可依。

（二）各项环保规范性文件陆续出台

国务院在1981年2月发布的《关于在国民经济调整时期加强环

---

① 陆波、方世南：《中国共产党百年生态文明建设的发展历程和宝贵经验》，《学习论坛》2021年第5期，第10页。吕忠梅：《〈环境保护法〉的前世今生》，《政法论丛》2014年第5期，第52—53页。

境保护工作的决定》(以下简称《环境保护工作决定》)中强调,环境保护工作的紧迫性:"长期以来,由于对环境问题缺乏认识以及经济工作中的失误,造成了生产建设和环境保护之间的比例失调。当前,我国环境的污染和自然资源、生态平衡的破坏已相当严重,影响人民生活,妨碍生产建设,成为国民经济发展中的一个突出问题。"《环境保护工作决定》约3600字,要求严格防止新污染的发展、抓紧解决突出的污染问题,两次强调要重视自然规律,突出对人们生活工作环境的保护,具体化环境保护细节规定,细化环境保护科研和人才培养工作。

第一,重视自然规律。《环境保护工作决定》要求开发利用自然资源,一定要按照自然界的客观规律办事。开发利用江河湖泊和地下水的,要注意维护生态平衡。做好农业自然资源调查和农业区划工作,必须严格遵循自然规律,促进生态系统的良性循环。

第二,重视保护人们生活和工作良好环境。《环境保护工作决定》强调,要重点解决生活居住区等的严重污染问题,在四个现代化的建设过程中,对工业布局、城镇分布、人口配置等问题进行统筹规划,创造适宜于人们生活和工作的良好环境。《环境保护工作决定》中专门设立独立部分,明确要求搞好首都北京和杭州、苏州、桂林的环境保护。

第三,具体化环境保护细节规定。《环境保护工作决定》的一个特点就是对环境保护做了具体化、细节化的规定。例如,专门强调锅炉改革,提出要积极推广集中供热和联片供热,不再搞那种一个单位一个锅炉房的分散落后的供热方式。要继续狠抓消烟除尘、锅炉改造工作。

第四，细化环境科研和人才培养要求。在科研方面，《环境保护工作决定》强调，"环境科学是一个新兴的综合性的重要科学领域。要组织自然科学和社会科学的研究力量，分工合作，开展环境基础理论和技术经济政策的研究"。在人才培养方面，《环境保护工作决定》强调，环境保护需要大量具有专业知识的人才，"要把培养环境保护人才纳入国家教育规划。中、小学要普及环境科学知识。大学和中等专业学校的理、工、农、医、经济、法律等专业，要设置环境保护课程。有条件的院校，应设置环境保护专业"；同时，要把环境保护教育作为培训干部的内容。

这一时期，全国性及地方性的规范性文件陆续出台。为了切实贯彻执行第五届全国人民代表大会第四次会议《关于开展全民义务植树运动的决议》，1982年2月27日，国务院常务会议通过《国务院关于开展全民义务植树运动的实施办法》。各地政府也相应出台各种环境保护的规则。例如，广州市政府于1984年7月出台《广州市建设项目控制新污染实施办法》。

（三）成立与健全环保机构

随着改革开放进程的推进，我国的环境保护机构设置也在不断完善。1982年，我国组建城乡建设环境保护部，内设环境保护局。1988年，国务院决定独立设置国家环境保护局（副部级），将环保工作从城乡建设环境保护部中分离出来。

1998年，国家环境保护局升格为正部级的国家环境保护总局。

第四章
中国共产党对天人合一的探索与实践

2008年，国家环境保护总局升格为环境保护部，成为国务院组成部门。① 环保机构的专业化、独立化及高级别设置，为环保法治化的实施提供了强有力的组织保障。

三、司法领域探索环境保护裁判实践

与立法相对应，司法领域也开启新的环境保护实践。尽管在2012年之前，立法尚未明确规定环境公益诉讼，与环境相关的侵权行为如何赔偿的问题也尚未明确，且理论上尚有争议。但在这一时期，理论界对环境公益诉讼的主体、客体进行了有益探讨，② 司法实践也在探索中积累了一些经验。2007年，一些地方法院开始设立环保法庭、环境审判庭。③2010年，最高人民法院在印发的《关于为加快经济发展方式转变提供司法保障和服务的若干意见》中说明："在环境保护纠纷案件数量较多的法院可以设立环保法庭，实行环境保护案件专业化审判，提高环境保护司法水平。"这些实践为环保领域立法和司法的完善积累了经验。通过这些诉讼案件，我们可以看到人们越来越关注环境问题，包括噪声、水土污染等。

---

① 参见《生态环境部历史记》，中华人民共和国生态环境部，https://www.mee.gov.cn/zjhb/lsj/. 最后访问日期2024年10月5日。
② 参见吕忠梅：《环境公益诉讼辨析》，《法商研究》2008年第6期，第131—136页。
③ 参见吕忠梅、张忠民、熊晓青：《中国环境司法现状调查——以千份环境裁判文书为样本》，《法学》2011年第4期，第91页。

（一）探索环境公益诉讼

环境公益诉讼是指当环境因自然人、法人、其他组织的作为或不作为而受到破坏时，自然人、法人或社会组织因此而提起的诉讼。制度的产生目的在于保护环境。2005年的《国务院关于落实科学发展观加强环境保护的决定》，首次以官方文件的形式明确提出"推动环境公益诉讼"。

【案例】环境公益诉讼第一案——曲靖铬渣污染案

2011年6月，云南陆良化工将总量5000余吨的重毒化工废料铬渣非法堆放，致珠江源头南盘江附近水质遭到铬渣污染。民间环保组织"自然之友"及重庆市绿色志愿者联合会曲靖环保局作为共同原告，就铬渣污染事件将陆良化工告上法庭，索赔1000万元，以让陆良化工为环境生态恢复买单。[①]

（二）初步实践生态环境损害赔偿

生态环境损害赔偿是指行为方违反国家规定造成生态环境损害（包括污染环境、破坏生态，造成大气、地表水、地下水、土壤、森林等环境要素和植物、动物、微生物等生物要素的不利改变，以及上述要素构成的生态系统功能退化）依法被追究生态环境损害赔偿

[①]《云南铬渣污染责任工厂遭草根环保组织索赔千万》，中国法院网，https://www.chinacourt.org/article/detail/2012/05/id/518825.shtml. 最后访问日期2024年6月25日。

责任的制度。① 在当时，立法尚未有相关明确规定，生态损害赔偿案件时有发生，司法实践在这方面进行了有益探索，积累的裁判经验为下一阶段制定《生态环境损害赔偿管理规定》奠定了实践基础。

【案例】渤海溢油事故海洋生态损害赔偿

2011年6月初，中国海洋石油公司（简称"中海油"）和美国康菲石油中国有限公司（简称"康菲中国"）合作开发的蓬莱19-3油田发生溢油，酿成我国最严重的海洋环境事故。溢油不仅将对渤海生态系统产生长期影响，而且正在给环渤海的辽宁、河北、山东、天津海域的捕捞业、养殖业、旅游业等相关产业和居民生活带来直接威胁和损害。国家海洋局招募律师团队对康菲提起索赔诉讼。除国家海洋局代表国家提起索赔诉讼外，受害的渔民、养殖户也委托律师事务所维权。9月，康菲公司宣布设立渤海湾基金，中海油也表示愿与康菲一起尽快建立海洋环境生态基金。②

以上案件反映了我国在生态环境损害赔偿方面的初步实践。总体来说，这个时期生态环境损害赔偿的案件在诉讼主体资格、赔偿金额、赔偿方式等方面的实践，给司法裁判积累了丰富的经验。事物总是向前发展的，生态环境损害赔偿的实践越来越成熟，并在下一阶段制度化。

---

① 此为2022年4月26日开始施行的《生态环境损害赔偿管理规定》中的相关表达。
② 刘丹、夏霁：《渤海溢油事故海洋生态损害赔偿法律问题研究》，《河北法学》2012年第4期，第113页。

读懂天人合一

在这一历史时期,党领导广大人民群众不但在经济社会建设方面取得了历史性成就,也在生态建设方面为实现人与自然和谐共生的现代化积累了宝贵经验。

05 第五章

新时代新征程继续践行天人合一

第五章
新时代新征程继续践行天人合一

天人合一这一蕴含着中国古代哲学智慧的思想，正随着时代的步伐在新的历史条件下焕发出新的生机。天人合一是中华优秀传统文化的智慧结晶，是中国人民在长期生产生活中积累的宇宙观、天下观、社会观、道德观的重要体现，同科学社会主义价值观主张具有高度契合性。作为中国传统文化中人与自然和谐共生的思想精髓，天人合一不仅在古代农业社会中指导着人们的生活与生产，也为当代中国的生态文明建设提供了深厚的思想资源。如今，在以中国式现代化全面推进中华民族伟大复兴的新征程中，以习近平同志为核心的党中央大力推进生态文明建设，创造性地提出了习近平生态文明思想。这一思想是习近平新时代中国特色社会主义思想的重要组成部分，是社会主义生态文明建设理论和实践创新成果的集大成者，是对天人合一这一传统思想的赓续、创新和阐扬，为美丽中国建设指明了科学方向，亦为全球生态治理贡献了中国智慧和中国方案。

第一节　习近平生态文明思想对天人合一的守正创新

习近平生态文明思想是马克思主义生态思想与中国古代生态智慧的科学产物。其中，天人合一这一中国传统哲学命题，奠定了人与自然和谐共生的理论基础，为习近平生态文明思想提供了深厚的文化根基。习近平生态文明思想并非对传统概念的简单复述，而是在新的历史条件下，对天人合一思想进行了创造性转化和创新性发展。习近平生态文明思想通过重新审视人与自然的关系，提出了以生态优先、绿色发展为核心的现代治理理念。这一思想强调，人类与自然不仅是相互依存的整体，而且在人类的生产生活中必须坚持生态文明的价值导向，实现经济发展与生态保护的统一。这种理论上的守正创新不仅继承了中国古代生态智慧的精髓，还通过与当代全球生态治理的实践相结合，拓展了天人合一思想的现代意义。通过守正与创新的双重逻辑，习近平生态文明思想实现了传统文化与现代生态治理的有机结合，不仅为中国生态文明建设提供了明确的理论指导和实践路径，也为全球生态治理贡献了独具中国特色的理念与智慧。由此可见，习近平生态文明思想对天人合一的守正创新，是对传统文化的现代性转化，更是对全球生态治理的战略性引领。

第五章
新时代新征程继续践行天人合一

一、尊重"天"的规律,阐明人与自然和谐共生的基本原则

中国古代天人合一是有机自然观的代表。我国古代将天人合一作为正统的说法,虽然也有反对此观点,主张将人与自然割裂的说法,但是总体上天人合一是各派学家共同的价值取向,一般都崇尚道法自然、万物平等、兼容并包的生态价值观。中华传统文化中的天人合一将人与自然看作有机统一体,强调人与自然共生共荣。比如,儒家观念中的天人合一是从统一性而言论述人与自然的关系,强调人与自然和谐共处。孔子说:"天何言哉?四时行焉,百物生焉。"孔子在这里强调的是自然规律的客观性。孟子主张"人与天一",提出"知天""事天"的思想。"知天",即要认识自然规律;"事天",即合理发挥主观能动性。荀子指出,"万物各得其和以生,各得其养以成"。董仲舒结合阴阳五行说,提出"天人相类"。张载在《正蒙·乾称》中明确提出了"天人合一"。总之,在儒家看来,因循自然、合人于天,天地合气,万物和生。习近平生态文明思想继承传统的天人合一思想,强调万物是共在共生的一体关系的思维模式,并予以创造性地丰富发展,使之在新时代得以焕发生机与活力。

习近平生态文明思想将天人合一作为处理人与自然关系的出发点,强调必须将人与自然的关系看成一体,创造性地提出了人与自然和谐共生的思想。人类应在尊重自然的前提下,将自然实体看作像人一样的存在,与自然"共在",唯此才可能实现现代经济、政

治、文化等相互协调、合乎规律的发展。习近平总书记指出："中华文明历来崇尚天人合一、道法自然，追求人与自然和谐共生。"从"自然是生命之母，人与自然是生命共同体"，到"绿色发展，就其要义来讲，是要解决好人与自然和谐共生问题"，再到强调"要为自然守住安全边界和底线，形成人与自然和谐共生的格局"，习近平生态文明思想深刻阐明了在人类社会发展进程中人与自然的辩证统一关系，人与天地自然万物是共存关系，相即相容、相互依存、和谐共生，共同维持着整个生态系统的平衡，这为构建中国特色生态哲学提供了重要关系论参考。习近平总书记提出"生态兴则文明兴，生态衰则文明衰"这一重要论断，揭示了生态与文明的内在关系，更是把生态保护的重要性提升到关系国家和民族命运的高度。"天育物有时，地生财有限，而人之欲无极。"人类只有遵循自然规律才能有效防止在开发、利用自然时走弯路，人类对大自然的伤害最终会伤及人类自身，这是不可违背的规律。人类尊重自然、顺应自然、保护自然，自然则滋养人类、哺育人类、启迪人类；否则，自然就会报复人类。

在天人合一的思维框架下，人与自然同处在一个大生态系统之中；生态系统若被割裂，这一生态系统的动态平衡就会被打破。这就要求我们自觉运用系统论来看待人与自然的关系，自觉保护自然，统筹治理生态环境，维护生态平衡；而不是用片面的甚至对立的观点去看待人与自然的关系。党的十八大以来，以习近平同志为核心的党中央坚持用系统思维处理经济社会发展与保护环境的关系。例如，关于黄河治理，习近平总书记提出要坚持"综合治理、系统治理、源头治理"。具体来说，在生态保护方面，要将黄河流域的生态系统看作一个有机整体，在治理中要系统考虑上中下游客观环境存在的差异。例如，在上游要提升水源涵养功能，在中游要抓好水土保持和污染治理，在下游要做好湿地生态系统保护工作。在治理黄河水患方面，要牵住水沙关系调节这个"牛鼻子"，打破"九龙治水"格局，完善水沙调控机制；在水资源节约利用方面，要对水资源利用进行刚性约束，大力发展节水技术和产业，倡导节约用水。关于推动长江经济带发展方面，习近平总书记从系统思维出发，提出把生态优先作为发展的前提，"共抓大保护、不搞大开发"，统筹"山水林田湖草沙"等要素，把长江流域的生态环境修复放在压倒性位置。系统论告诉我们，在保护生态环境方面，要正确处理好当前和长远、整体与局部、经济发展与保护环境的关系，要综合运用科技、法律、制度、文化等多种措施，共同推进生态文明建设。

【案例】内蒙古库布其沙漠的治理与经济发展

治理好沙漠也能带来金山银山。内蒙古库布其沙漠是我国第七大沙漠，曾经黄沙遍地，寸草不生，经过几代库布其人的科学治沙，创造了沙漠变绿洲的奇迹。现在库布其的环境治理模式由单纯的治沙向生态保护和经济发展并存转换。有的地区草原绿、野花香、羊群觅食，旅游旺季迎来全国各地游客，实现了天人互惠。中国第七大沙漠三分之一绿化成果荣获联合国颁发2015年度土地生命奖。①

---

① 《内蒙古库布其沙漠治理经验》，新华网，http://www.nmg.xinhuanet.com/zt/nmgzt/1/21/index.htm. 最后访问日期2024年6月25日。

二、重视"人"的发展,坚持以人为本的价值追求

天人合一倡导一种天人合德的生态道德理念。孟子提出重义轻利的公私观,但是"轻利"不代表消除私利,他提出国家公利要保护个人私利。"是故明君制民之产,必使仰足以事父母,俯足以畜妻子,乐岁终身饱,凶年免于死亡。"(《孟子·梁惠王上》)随着新时代社会主要矛盾的转变,习近平总书记强调要在物质上和精神上创造更加优质、丰富的生态产品和生活环境,以满足人民的优美生态环境需要。习近平生态文明思想坚持以人民为中心,把自然界的"自然价值"与"经济价值"统一于人民对美好生活追求中。

良好的生态环境是最公平的公共产品,是最普惠的民生福祉。生态建设要坚持民生导向,为民谋福利,解决危害健康和人民安全的重大环境问题。习近平总书记对生态问题始终保持清晰的认识,对民生意愿给予高度关注。一方面,"建设良好生态环境",能够为人民的健康水平、生活质量、发展条件等提供生态保障;"优美的生态环境"能够进一步满足人民对美好生活的向往,提升人民群众精神层面的满足感和获得感。另一方面,建设生态文明离不开人民群众的集体力量。人民群众作为良好生态环境的享有者和受益者,理应发挥好建设生态文明的主体作用。人民对美好环境的向往不只是思想层面的追求,更需要落实到社会实践的方方面面。习近平总书记高度重视普及生态文化知识,倡导培育生态文明意识,并进一步提倡绿色消费模式,鼓励社会各界积极履行生态义务,通过身体力行的环保实践为美丽中国建设贡献力量。习近平生态文明

思想强调在努力创造社会财富的同时实现人的全面发展，在保护"优美生态环境"的过程中实现人类的可持续性发展，真正体现了人与自然和谐共生的天人合一生态理念。

民生问题始终是习近平总书记最为关切的问题之一，习近平生态文明思想更是以实现民生福祉为根本的价值旨趣。以习近平同志为核心的党中央将生态文明建设融入实现人民群众对美好生活之向往的重要部分，形成了"良好生态环境是最普惠的民生福祉"的基本民生观。习近平总书记指出："发展经济是为了民生，保护生态环境同样也是为了民生……也要提供更多优质生态产品以满足人民日益增长的优美生态环境需要。"[1] 这一重要论述体现了三个层面的内涵。

第一，"环境就是民生"揭示了生态环境与民生福祉的同一性，同时也成为基本民生观的理论前提。

第二，保护生态环境与发展经济的目的皆是"以为民资"，这与中国传统生态思想的民生观是相通的。

第三，更进一步将生态产品视为满足人民的优美生态环境需要的重要因素，这是在"以为民资"基础上对传统生态理念的超越，使得生态文明建设不仅成为"使民养生丧死无憾"这类基本生存层面的民生保障，更成为广大人民群众向发展层面、精神需求层面等更高层次民生需求迈进的推动力。

坚持人民主体地位，必须明确生态文明建设的价值目标。在习近平生态文明思想中，生态文明建设的目标就是要"使我们的国

---

[1] 习近平：《论坚持人与自然和谐共生》，中央文献出版社2022年版，第11页。

家天更蓝、山更绿、水更清、环境更优美,让绿水青山就是金山银山的理念在祖国大地上更加充分地展示出来"①。生态环境的改善关系到人民群众能否呼吸到新鲜的空气、喝上干净的水、吃上放心的食品,更关系到人民群众能否在优美的生态环境中提升生命的境界与质量,共创美好家园,实现人与自然的和谐共生。习近平总书记反复强调我们党要坚持"人民至上、生命至上",对人民的敬畏、对生命的尊重体现了我们党执政为民的情怀。当然,生态文明建设不可能是一蹴而就的,需要党和人民经过长期的努力才能达到预期目标。因此,习近平总书记强调:"要保持加强生态文明建设的战略定力,牢固树立生态优先、绿色发展的导向,……持续打好蓝天、碧水、净土保卫战。"②新时代的生态文明建设,要求我们在推动经济社会可持续发展的过程中,持续改善民生福祉,实现绿水青山与金山银山的和谐统一。金山银山是要发展生产力,绿水青山是要保护环境,两者并行不悖。不发展生产力,就不能满足人民对美好生活的向往;污染了环境,同样也损害人民的根本利益。不能为了短期的经济利益而牺牲了资源和环境,要在发展中实现"两山"的动态平衡,既不影响当代人的发展需求,也能够为可持续发展奠定基础,在绿色发展中实现人与自然的和谐共生。

【案例】近 270 亿元补助资金用于长江禁渔退捕渔民安置

由于多年来的高强度开发、粗放式利用,长江流域生态功能退

---

① 《论坚持人民当家作主》,中央文献出版社 2021 年版,第 238 页。
② 《论坚持人民当家作主》,中央文献出版社 2021 年版,第 308 页。

化，濒临"无鱼"境地。为了让长江休养生息，从 2021 年 1 月 1 日起，长江流域重点水域实施十年禁渔计划。"截至 2022 年末，中央和地方累计落实补偿补助资金 269.98 亿元用于退捕渔民安置。""截至 2022 年末，16 万多名有就业能力和就业需求的退捕渔民转产就业，22 万多名符合参保条件的退捕渔民参加基本养老保险，已有 4.4 万多名退捕渔民领取养老金。"①

三、辩证"天"与"人"的关系，提出"两山论"的发展要求

"两山论"的提出，彰显了我们党对生态文明建设的高度重视，是对人与自然关系全面而深刻的解读。"两山论"既是范式的转变，亦是观念的创新，倡导和宣扬的是一种更加科学健康的生态哲学观，即对"人"本真状态的找寻与回归。"两山论"将人类对他者的责任摆在突出的位置。人类自身兼有自然和文化双重属性，"两山论"的提出在一定意义上体现了从自然人到文化人的转变。理解"人"的概念首先要明确：一方面，人是自然界的一部分，即"人直接地是自然存在物"。正因为人是自然存在物，所以他必然要在自然界中展开自己的肉体和精神生活，与自然界其他部分进行物质和能量的交换。另一方面，不能把人理解为纯粹自然的结果。因为人类智慧所

---

① 《我国累计落实补偿补助资金近 270 亿元用于长江禁渔退捕渔民安置》，江苏检察网，http://www.jsjc.gov.cn/yaowen/202303/t20230301_1488389.shtml. 最后访问日期 2024 年 9 月 2 日。

造就的文化，使得自身逐渐远离动物状态，最终由自然人变成了文化人。处于文化状态中的人不仅为自身的存在而抗争，而且肩负着历史重任。首先，人类作为一个物种，要为自身的有序发展保驾护航。但是，人类并不是这个星球的唯一生命，人类在发展自身的同时，也要顾及其他物种的延续。具有反思精神的人类明白自身命运是同所处的生态环境及其他物种的命运联系在一起的，"一荣皆荣，一损俱损"。"金山银山"不可弃，"绿水青山"亦不能少。"两山"论所提出的发展要求，协调了眼前利益和长远利益之间的关系，辩证地剖析了经济建设和生态文明建设之间的关系，是人对自身发展的一次重大反思，弱化了人类的自然属性，强化了人类的文化属性。"两山论"既呼应了作为时代光辉的生态理性，也勾勒出人类从自然人到文化人进而迈向文化社会的轨迹。

2005年8月，习近平同志任浙江省委书记时，针对安吉县余村的发展现状，提出了"绿水青山就是金山银山"。后来这一理念在实践中不断走向成熟，2013年9月7日，习近平总书记在哈萨克斯坦扎尔巴耶夫大学演讲时，对"两山论"作了更为全面的阐释，再次从整体上分析、把握经济发展与环境保护的辩证关系："我们既要绿水青山，也要金山银山。宁要绿水青山，不要金山银山，而且绿水青山就是金山银山。"[①]在党的二十大报告中，"绿水青山就是金山银山"的理念再一次被强调，成为新时代生态文明建设的重要内容。

习近平总书记的"两山论"是在其执政过程中逐渐形成的，主

---

① 中共中央文献研究室：《习近平关于社会主义生态文明建设论述摘编》，中央文献出版社2017年版，第21页。

要体现为三个层次的内涵。

第一，"既要绿水青山，也要金山银山"，把生态建设与经济建设放在同等重要的位置，将经济发展与生态建设统一于人民的美好生活需要，着力解决当前社会的主要矛盾。在福建任职期间，习近平同志高度重视环境建设与经济建设的关系。从规划福州"城市生态建设"到提出创建福建"生态大省"，习近平同志针对福建的发展实际，提出一系列建设生态的具体举措，将生态建设提升到福建发展的重要规划中。

第二，"宁要绿水青山，不要金山银山"，就是强调保护人类的生存之本，任何形式的发展不应当建立在破坏自然的前提下，这体现了坚持永续发展、长远发展的要求。在追求经济发展的同时，习近平总书记还提出"宁肯不要钱，也不要污染，严格防止污染搬家、污染下乡"等理念，力求在发展经济的同时保护好生态环境。

第三，"绿水青山就是金山银山"是最后一重理解，提出了解决生态问题的方法论。在担任正定县委书记期间，习近平同志为正定的发展量身打造出"靠山吃山，靠水吃水，靠城吃城"的"半城郊型"发展模式。通过对古城文化古迹的修复与保护，大力挖掘正定古城的文化资源，发展地方旅游业。经济建设与生态建设从根本上是一致的，绿水青山可以不断产出金山银山，而金山银山也能够不断建设、保护绿水青山。我国的生态文明建设不能以牺牲环境为代价，也不能为了保护环境而制约发展；而是要走经济价值与生态价值相统一的和谐发展道路。"两山论"自提出以来，内涵不断丰富，影响力逐渐扩大，理论导向意义愈加凸显，成为我国生态实践的重要指针。"两山论"所强调的生态文明建设，是一项功在当代、福泽后世的伟大事业，对于努力建设"美丽中国"、实现中华民族的永续发展，具有重要的里程碑意义。

【案例】广东"点水成金"——绿色"水经济"

广东多地是水乡，这一地理特征有利于发展"水经济"。2021年，广东召开全省水利高质量发展大会，印发《中共广东省委广东省人民政府关于推进水利高质量发展的意见》，对"打造绿色水经济新业态"提出明确要求。2022—2023年连续两年，将"打造绿色水经济新业态"写入广东省政府工作报告。2023年6月，广东省河长办印发实施《广东省水经济试点建设工作方案》《广东省水经济试点主要业态工作指引》。

曾经被称为珠三角污染最严重的河流——深圳茅洲河，经过全流域综合整治，如今水清河畅。2020年干流平均水质达到地表水Ⅳ类，2023年达到Ⅲ类。目前，茅洲河流域已建成集生态、文化、景观和休闲功能于一体的优美碧道，被评为"全国十大美丽河湖提名案例"。

茅洲河的生态治理成果，为"水经济"的发展提供了机会。茅洲河流域中心集治水、治产、治城为一体，已建成6座生态湿地、10座雨水花园、植草沟10.12公里、103.1万平方米绿地、45.6公里漫步道，串联起周边公园、绿道等，构建了沿河生态廊道，吸引180多家科技企业进驻，年产值由原来的1.2亿元增加到80

亿元。①

四、推进"天"与"人"的合一，倡导"生命共同体"的生态诉求

中华优秀传统文化倡导天人合一思想，就是从本体论上把握人与自然的关系。例如，张载说"民吾同胞，物吾与也"，王阳明说"天地万物与人原是一体"，这都表明古人已认识到人与自然是有机联系的、相互依存的统一整体。马克思说："自然界，就它本身不是人的身体而言，是人的无机的身体。"② 人类是其自身的同时也是自然的一部分，两者是彼此依存的关系。习近平生态文明思想中的"生命共同体"理念，既吸收了古代天人合一的内涵，也借鉴了马克思主义生态思想的主要观点。"生命共同体"的发展理念，在把人作为发展主体的同时，又把人与自然的共同命运当成新的价值主体。

2021年4月22日，习近平总书记在领导人气候峰会上指出："坚持系统治理。山水林田湖草沙是不可分割的生态系统。保护生态环境，不能头痛医头、脚痛医脚。我们要按照生态系统的内在规律，统筹考虑自然生态各要素，从而达到增强生态系统循环能力、维护

---

① 《美丽河湖优秀案例》，中华人民共和国生态环境部，https://www.mee.gov.cn/home/ztbd/2023/mlhh2/yxal1/. 最后访问日期2024年10月16日。参见张子俊、刘珊、李赫等：《啃下治污"硬骨头"找回"水乡秀色"》，《南方日报》2021年10月14日；方胜：《斩除"黑龙"岸绿河清》，《深圳特区报》2022年7月18日；罗云鹏：《深圳茅洲河：从治水到"智水"》，《科技日报》2023年10月17日。

② 马克思：《1844年经济学哲学手稿》，人民出版社2014年版，第52页。

生态平衡的目标。"① 自然界是一个包含了各种自然要素的有机整体，具有复杂性和多样性的特征，如果对于生态问题不能做到系统治疗，就会出现片面诊断的乱象，不利于找出产生生态问题的根源，难以对生态环境实施最有效的保护。2014年3月14日，习近平总书记在中央财经领导小组第五次会议上的讲话中，运用道家阴阳五行的概念对生命共同体的系统性进行形象的解读与阐释："山水林田湖是一个生命共同体，形象地讲，人的命脉在田，田的命脉在水，水的命脉在山，山的命脉在土，土的命脉在树。金木水火土，太极生两仪，两仪生四象，四象生八卦，循环不已"。② 人与自然生命共同体理念克服了天人合一思想在"方法论上有着缺乏逻辑上的明晰性和确定性"③，而是以一种更加科学理性的态度及思维方式深究生态问题产生的根源，因此在一定程度上是对天人合一思想的超越。

这一重要论述的内涵非常丰富，包含两层意蕴。

第一，"生命共同体"的概念说明人与自然都是宇宙大生命系统的有机组成部分，两者是相互影响、相互涵养的关系。从宇宙演化角度看，自然的存在要早于人类，离开了自然，人类将无法生存；从哲学角度看，"人是万物的尺度"，没有人类，自然就失去了其本来的意义，人与自然的关系不是对抗性的，而是一种共生关系，彼此构成了对方存在的依据，形成了生生不息的生命共同体。

---

① 习近平：《论坚持人与自然和谐共生》，中央文献出版社2022年版，第275页。
② 中共中央文献研究室：《习近平关于社会主义生态文明建设论述摘编》，中央文献出版社2017年版，第55页。
③ 张岂之：《中华优秀传统文化的核心理念》，江苏人民出版社2016年版，第20页。

第二,"太极"是宇宙大生命的本体。宋明理学家认为,生命是由本体"太极"演化而来,朱熹将"太极"称为"本体""造化之枢纽""本然之妙"。周敦颐在《太极图说》中阐释了太极演化万物的过程:"太极动而生阳,动极而静……二气交感,化生万物。万物生生,而变化无穷焉。惟人也,得其秀而最灵。"① 本体太极具有动静双重属性,由于太极的一动一静而分出阴阳两仪,阴阳的变化而生五行。五行俱备,则万物造化发育的条件都有了。阴阳五行气聚成形,化生出万物。万物生生不已,变化无穷。人与万物得天地之禀气不同,人得气之全,物得气之偏,故人具有灵秀之气,具有主观能动性与创造性,能够改造、利用和保护自然。

由此可知,"生命共同体"包含丰富的生命哲学智慧,它从本体论的高度揭示了人与自然本为一体,都是"太极"创生出来的;同时,人与自然万物都各有一"太极",构成了丰富多彩的世界。

【案例】云南大象北上南归

习近平总书记 2022 年新年贺词中讲道:"无论是云南大象北上南归,还是藏羚羊繁衍迁徙……这些都昭示着,人不负青山,青山定不负人。"云南大象的北上及返回之旅,让我们看到了中国保护野生动物的成果。

2021 年 4 月 16 日,云南 15 头亚洲象离开原栖息地北上,迁移的 110 多天里,当地全程关注,出动人力物力,设计路线科学引导大象安全南返,确保村民与大象皆安全。可爱聪明又憨态可掬的

---

① 《周敦颐集》,岳麓书社 2007 年版,第 5—7 页。

读懂天人合一

大象的迁徙成为网民关注热点。"全过程累计：出动警力和工作人员2.5万多人次；无人机973架次；布控应急车辆1.5万多台次；疏散15万多人次；投放象食近180吨；野生动物公众责任承包公司受理亚洲象肇事损失申报1501件；评估定损512.52万元；完成理赔939件；兑付保险金216.48万元。此次亚洲象北迁南返行动的成功经验值得借鉴。一是建立统一的保护、管理、监测和应急体系；国家、省和保护地进行三级联动，快速有效应对突发事件。二是四个实干步骤总结：严密监测、超前防范、科学引导、及时理赔。三是借鉴国家公园建设思路，积极规划，争取创建；从国土、景观、物种、当地居民等要素进行全面统筹和规划。'亚洲象北迁南返'事件，已成为我国促进人与自然共生、人与动物和谐的生动范例，也为全球野生动物保护工作展示了'中国样本'。"[1]

---

[1] 《生物多样性优秀案例（1）：云南亚洲象北迁南返》，中华人民共和国生态环境部，https://www.mee.gov.cn/ywgz/zrstbh/swdyxbh/202212/t20221206_1007073.shtml. 最后访问日期2024年6月25日。

第二节　美丽中国建设对天人合一的目标追求

美丽中国是五千多年中华古圣先贤天人合一思想在新时期的继承和发展、演绎和创新。"美丽中国"由党的十八大报告首次提出。2013年，习近平总书记将生态文明建设与时代使命相结合，强调美丽中国建设对中国生态环境保护乃至世界生态环境改善的重要作用。2017年，针对生态保护问题，习近平总书记强调要加快生态文明体制改革，建设美丽中国。2024年，党的二十届三中全会强调要深化生态文明体制改革，聚焦建设美丽中国，以习近平同志为核心的党中央对"全面、协调、可持续"的科学发展观进行了由点到面的升华。美丽中国与中华优秀传统文化中的天人合一思想有着内在联系，扬弃了"帝人合一""德人合一"的神秘元素，传承了"自然与人合一"的合理成分，结合当代世界和中国问题，对传统的"自然与人合一"思想进行了创造性转化和创新性发展。

读懂天人合一

一、"美丽中国"对"帝人合一""德人合一"的批判扬弃

"帝人合一""德人合一"是中华传统文化中天人合一思想在发展中的两种样态,包含一些神秘元素。

"帝人合一"之"帝"并非指人间的最高统治者,而是指最权威的神灵,它掌控着自然界、人类社会的一切,在我国夏商周时代被称为"天",构成"天人合一"的最早样态。这种"帝人合一"可以分为两种情况:一种情况是人对"帝"的绝对服从,不论是国家兴亡的大事,还是自然界的刮风下雨,都由"帝"来决定,人完全是受动的;另一种情况是包含人的能动性的"帝人合一"。周人虽然继承了夏商的神学天命观,但在对以往历史经验的反思中提出了天命转移论,在处理帝与人的关系上,增加了人的主观能动性。"帝人合一"观念经过春秋战国时期的质疑、批判后,在汉代被继承发展,突出表现在董仲舒的学说中。他所说的"天"有一层含义依然保留了"帝"的主宰性和神秘性,认为"天"可以主导、监督君主的国家和社会治理:治理好的,"天"会降祥瑞以奖赏之;治理不好的,"天"会降灾祸以惩罚之;等等。

"德"在我们今天看来是后天的产物,但在古代一些思想家看来是先天存在的,是人与生俱来的,这层意义上的"德"亦可称为"天",因此"德人合一"亦是"天人合一"的一种形态。孟子有"尽心、知性、知天"①的说法,实际上是把"心""性""天"统

---

① 杨伯峻:《孟子译注》,中华书局1960年版,第301页。

第五章
新时代新征程继续践行天人合一

一起来,"心"有"思"("心之官则思"①)的成分,但更多的是指天赋的善性("求其放心"②)。正因为"四心""四端""四德"非由外铄,乃"天"之所赋,亦可称之为"天"。熊十力曾指出,"心""性""天"虽三名而实一体,都是本体的不同称谓:以其是身体的主宰,故称"心";以其是人之为人的依据,故称"性";以其是万有之大原,故称"天"。天赋之德乃圆满纯善的,然而,人出生之后,由于后天习俗的熏染,不同程度地丧失了善性。怎么办?那就需要通过不断的道德修炼,最后彻底恢复善性。性善论一系的学者首先确立了复性的可能性,"人皆可以为尧舜"③,"涂之人可以为禹"④。马一浮有"拨灰见火"的比喻,认为人们的善性被习气所遮蔽,就好像炭火蒙灰,只要人们能够拨灰就能见火,破习就能见性⑤。虽然人们的本性被习气所障碍,但本性是每个人先天具足的,即习气皆具大全之本体,每个个体都具有本性之全体。只要一经引发,人人都具有复性的可能。熊十力引用王夫之的诗句来说明这一思想。王夫之的诗句是"拔地雷声惊笋梦"。熊十力解释说:"笋之生机在根,潜茁于地,若梦梦然(作梦)。春雷震而笋梦惊,则生机勃然不可御。人生固有活力,锢而不显,犹笋梦也。必其能自警觉,而本有活力始条达不可遏。雷声,喻提醒警觉之功。"⑥就是说,

---

① 杨伯峻:《孟子译注》,中华书局1960年版,第270页。
② 杨伯峻:《孟子译注》,中华书局1960年版,第267页。
③ 杨伯峻:《孟子译注》,中华书局1960年版,第276页。
④ 梁启雄:《荀子简释》,中华书局1983年版,第334页。
⑤ 马一浮:《马一浮集》第三册,浙江教育出版社1996年版,第1127页。
⑥ 熊十力:《新唯识论》,中华书局1985年版,第452页。

笋有根，喻人有本性；笋有梦，喻本性被障；雷声指引发；经春雷震动，笋根就会以不可遏制的速度生长。这比喻人的本性虽然被遮蔽，但一经引发，即可恢复。其次，他们提出了种种休养方法，如"寡欲""反求诸己""养浩然之气""学习""用敬""操存涵养""强恕""力行"等。最后，通过长期艰苦的休养功夫，就能复性，实现"人德合一"，成为道德完人。道德完人的典型表述就是"圣人"，"圣人"不仅道德完美，而且能够由"内圣"而"外王"，为人类社会的进步作出巨大贡献。

"美丽中国"剔除了"帝人合一""德人合一"中的有神论和先验论因素，采纳了合理成分。比如，人类需要有信仰和理想。儒家有"大同社会"，与我们牢固树立共产主义远大理想和中国特色社会主义共同理想相契合。再如，"帝人合一"中敬德保民与我们践行社会主义核心价值观和为人民服务的宗旨是相通的，是新时代坚持以人民为中心发展思想的文化根基。另外，"德人合一"尽管包含先验论的色彩，但它对道德理想、道德修养的重视依然具有重要价值。心灵美包括爱护自然、保护环境，影响人与自然之间的和谐关系，"美丽中国"所体现的生态美还需要心灵美做保障。践行社会主义核心价值观需要大力提倡道德自觉和道德养成。这些可以从"德人合一"中获得丰富的启示。

二、"美丽中国"对天人合一思想的传承赓续

天人合一思想中最具现代价值的就是"自然与人合一"。从一

第五章 新时代新征程继续践行天人合一

定意义上讲,"美丽中国"是对中国传统天人合一思想中"自然与人合一"思想的传承。"自然与人合一"中的"自然"即"自然之天",如荀子所说之列星、日月、四时、阴阳、风雨、万物,如王充所说之苍苍之体、玉石之类,如刘禹锡所说之有形之大者,如王夫之所说之阴阳五行,等等。这种意义上的天人合一就是人与自然的合一。

儒家在这个问题上主要提出了以下几种观点。

一是"因自然",即遵循自然规律,正如荀子所说之"天行有常",即自然界的运行有它自身的规律,这些规律是客观的,不会因为任何人而有所改变,"不为尧存,不为桀亡"[①]"天不为人之恶寒也,辍冬;地不为人之恶辽远也,辍广"[②]。人们应该"应之以治",而不应该"应之以乱"[③]。

二是"爱自然",即在尊重自然规律的基础上合理地利用自然资源。其理论形态主要是维护生态平衡,即"谨其时禁":在林木的生长期,不要去砍伐;在鱼鳖的生长期,不要去捕捞;等等。其目的是人们通过合理地利用自然资源去满足物质生活的需要,实现"有余食""有余财""有余用"[④]。

三是"治自然",即充分发挥人的主观能动性去治理自然。"大天而思之,孰与物畜而制之!从天而颂之,孰与制天命而用之!"[⑤]

---

① 梁启雄:《荀子简释》,中华书局1983年版,第220页。
② 梁启雄:《荀子简释》,中华书局1983年版,第225页。
③ 梁启雄:《荀子简释》,中华书局1983年版,第220页。
④ 梁启雄:《荀子简释》,中华书局1983年版,第110页。
⑤ 梁启雄:《荀子简释》,中华书局1983年版,第229页。

读懂天人合一

在大自然面前，人们不能盲目地崇拜和顺从，而应该积极地去征服和改造自然。儒家在对人与自然关系问题的思考中所提出来的思想至今仍然具有重要价值，是透露出中国人辩证智慧的合理见解。

"美丽中国"传承了天人合一思想中"自然与人合一"的基本理念。

首先，正确认识人与自然的关系，爱护自然。"人与自然是生命共同体"，我们要建设的现代化是人与自然和谐共生的现代化，人类应该"尊崇自然""保护自然"，"像对待生命一样对待生态环境"。

其次，尊重自然规律。人类对大自然的伤害最终会伤及人类自身，这是无法抗拒的规律。

最后，爱护自然、尊重自然规律以人自身为目的。"绿色发展""蓝天保卫战""生态系统保护"等最终是为了实现中华民族伟大复兴的中国梦，不断满足人民日益增长的各种需要。但是，我们在开发利用自然上应该遵循自然规律，这样才能防止走弯路。

在价值论上，"全面推进美丽中国建设"既是党中央对天人合一思想的认识不断深化、地位不断提升、部署不断强化的具体体现，也是新征程上关于生态文明建设的新部署新要求。

首先，美丽中国建设标志着我们党对生态文明建设的认识达到新高度。习近平生态文明思想是我们党的重大理论创新成果，是新时代生态文明建设的根本遵循和行动指南。这一思想开放包容，始终站在时代前沿，引领时代发展。全国生态环境保护大会提出实现"四个重大转变"、处理好"五个重大关系"，部署了"六项重大任务"，强调了"一个重大要求"，从依据基础、原则路径、实践部署以及认识论、方法论、实践论等方面回答了全面推进美丽中国建设的重大理论和实践问题。一方面,《中共中央国务院关于全面推进美丽中国建设的意见》发布,又进一步细化了目标、路径、布局、任务等,对新时代新征程全面推进美丽中国建设作出系统部署。这些都拓展和深化了我们党关于生态文明建设的规律性认识。另一方面,理论来自实践,全面推进美丽中国新的实践,必将促进习近平生态文明思想进一步创新发展。

其次,美丽中国建设开启人与自然和谐共生现代化的时代篇章。新时代以来,美丽中国建设迈出重大步伐,实现由重点整治到系统治理、由被动应对到主动作为、由全球环境治理的参与者到引领者、由实践探索到科学理论指导的重大转变。与此同时,我国生态文明建设仍处于压力叠加、负重前行的关键期,既有历史欠账,又有新污染物等新的问题,经济社会发展绿色转型内生动力不足,应对生态环境领域国际博弈任务也很艰巨。这些需要我们在更大区域、更深层次、更广领域奋力攻坚,推进全领域转型、全方位提升、全地域建设、全社会行动。全面推进美丽中国建设,意味着领域的延伸和深度的拓展、要求的提高和标准的提升,最终实现人与自然和谐共生的现代化。这既是战略蓝图也是战略路径,对于推进和拓展中国式现代化具有重要意义。

最后,美丽中国建设贡献了共建清洁美丽世界的中国方案。地球是全人类赖以生存的唯一家园,建设美丽家园是人类的共同梦想。当前,环境问题已成为全球性挑战,气候变化、生物多样性下降等问题威胁着人类赖以生存和发展的自然环境。在人与自然和谐共生问题上，世界需要新的方案。中国已经是全球生态文明建设的重要参与者、贡献者、引领者。全面推进美丽中国建设，在协同推进降碳、减污、扩绿、增长，健全美丽中国保障体系的同时，推动构建公平合理、合作共赢的全球环境治理体系，加强国际合作和讲好美丽中国故事，将为全球可持续发展贡献中国力量和中国方案，这对于人类文明永续发展和丰富发展人类文明新形态也具有重要意义。

三、"美丽中国"对天人合一思想的发展创新

美丽中国的社会主义生态文明理论不仅是对传统天人合一思想的传承，更是实现了创造性转化和创新性发展，主要体现在结合当代世界和中国问题，提出现实的种种解决方案。理论离不开时代，任何一种成功的理论是对它的时代问题的正确解答和解决。"美丽中国"是基于当代世界和中国所面临的共同问题——"生态危机"而提出的。生态危机是工业文明发展到一定程度的伴生物，是威胁到人类生存和发展的重大问题，"美丽中国"提出的既是现实的解决生态问题的方案，又包含人与自然是生命共同体的人文关切，它既与传统的天人合一思想有着重要的关联，又是对它的超越和创新。

"美丽中国"对传统天人合一思想的创造性转化和创新性发展，集中体现在它提出的种种解决生态问题的方案上，这是传统的"自然与人合一"理论中所不可能具有的，或是比较缺乏的。

一是绿色发展。生态危机虽然是世界性的共同问题，但不同国家有着各自国家的不同情况。中国是现代化后发国家，今天依然是

世界上最大的发展中国家，要想实现现代化，发展问题依然是核心问题；但面对生态危机，我们不可能无动于衷，而是要两条腿走路，既要发展，又要绿色，因此，绿色发展是适合中国国情、解决中国问题的基本理念和现实方案。绿色发展具体包括建立健全绿色低碳循环发展的经济体系，构建清洁低碳、安全高效的能源体系，倡导简约适度、绿色低碳的生活方式，等等。

二是解决环境问题。这里所说的环境是指自然环境，即人类生存的基本物质条件，包括大气、水、土壤、生物、矿物资源等。在前工业文明时代，自然环境基本接近于原生态，来自人为的破坏相对较少。但随着工业文明、科学技术的发展，人们征服自然的同时更多的是破坏自然环境。"美丽中国"提出种种解决环境问题的措施，如源头防治、土壤污染修复、提高排污标准等，就是要打赢蓝天、绿水、青山保卫战，让人们生存的自然环境美丽起来。

三是保护生态系统。生态系统是生物和环境关系的系统，是动态平衡的整体。生态系统的破坏会导致人类自身的生存危机。因此，维护生态系统的平衡至关重要。

美丽中国建设表达了我们加强保护生态系统力度的决心，其措施包括实施重要生态系统保护和修复重大工程，优化生态安全屏障体系，构建生态廊道和生物多样性保护网络，提升生态系统质量和稳定性；完成生态保护红线；开展国土绿化行动；退耕还林还草；健全耕地草原森林河流湖泊休养生息制度；等等。除此之外，还要改革生态环境监管体制。总体而言，"美丽中国"理论是一个完整的社会主义生态文明体系，其中凝结着中国传统天人合一思想的精华，但更多的是面对当代问题提出的解决方案，是对传统天人合一思想的现代重构。

具体而言，美丽中国建设是中国特色社会主义不可缺少的重要内容。中国特色社会主义是全面发展、全面进步的事业。生态环境是关系党的使命宗旨的重大政治问题，也是关系民生的重大社会问题。党的十八大以来，我国生态环境保护取得巨大成就，人民群众对生态环境的满意度超过了90%，良好生态成为人民美好生活的增长点。美丽中国就是要让人民群众在绿水青山中共享自然之美、生命之美、生活之美。我们要同步推进物质文明和生态文明建设，提供更多优质生态产品，以高水平保护支撑高质量发展、创造高品质生活。

美丽中国建设是高质量发展的重要支撑。建设现代化强国，美丽既是重要目标，也是重要支撑。我国经济社会发展已进入加快绿色化、低碳化的高质量发展阶段，生态环境的支撑作用越来越明显。而且，绿色循环低碳发展是当今时代科技革命和产业变革的方向，是最有前途的发展领域，也是当前竞争的焦点。2023年，我国电动载人汽车、锂离子蓄电池和太阳能蓄电池"新三样"产品合计出口首次超万亿元，成为新的经济增长点，实证了绿色生产力就是新质生产力。习近平总书记指出，绿色发展是高质量发展的底色。建设美丽中国关系高质量发展全局，也事关如期实现第二个百年奋斗目标大局。必须聚焦高质量发展这一首要任务，深刻认识推动经济社会发展绿色化、低碳化是实现高质量发展的关键环节，夯实高质量发展的生态基础，不断塑造发展的新动能、新优势，以建设美丽中国推动实现更高质量、更有效率、更加公平、更加持续、更为安全的发展。

美丽中国建设是中华民族伟大复兴的生态根基。实现中华民族伟大复兴是中华民族近代以来最伟大的梦想。生态兴则文明兴，生态文明是关系中华民族永续发展的根本大计，建设美丽中国是实现中华民族伟大复兴中国梦的重要内容。历史和现实告诉我们，我们这样一个大国要实现现代化，靠消耗资源、污染环境是难以为继的，也是行不通的。当前，我国资源压力较大，环境容量有限，生态系统脆弱的国情没有改变，人均森林面积、水资源等与发达国家相比差距较大。与此同时，我国生态环境保护结构性、根源性、趋势性压力尚未根本缓解，生态环境改善基础还不牢固，生态环境改善由量变到质变的拐点尚未到来。我们必须从中华民族永续发展的战略高度和历史高度，以美丽中国建设全面推进人与自然和谐共生的现代化，走出一条生产发展、生活富裕、生态良好的文明发展道路，筑牢中华民族伟大复兴的生态根基。

第三节　共建地球生命共同体理念对天人合一的拓展延伸

保护生态环境是全球面临的共同挑战。近年来，气候变化、生物多样性丧失、荒漠化加剧、极端气候事件频发，给人类生存和发展带来严峻挑战。在全球生态危机不断加剧的背景下，"共建地球生命共同体"理念的提出，标志着对人与自然关系的认知达到了新的高度。这一理念是对当代生态治理的全局性回应，也是对中国传统哲学天人合一思想的价值拓展。天人合一作为中国古代哲学中人与自然和谐共生的核心命题，强调天地与人类的共生共荣；"地球生命共同体"则进一步拓宽了这一理念的时空维度，将其应用于全球生态治理的实践之中。通过对天人合一思想的现代性转化，共建地球生命共同体理念不仅继承了中华传统文化中的生态智慧，还赋予了这一古老思想以全球化、时代化的全新内涵，彰显了中国对全球生态治理的深刻洞见与责任担当。在此背景下，深入探讨"共建地球生命共同体"对天人合一思想的价值拓展，不仅有助于深化中国传统哲学的现代意义，还可为全球生态文明建设提供重要的理论支撑。

一、从局部到整体的拓展

在共建地球生命共同体理念的框架下，对天人合一思想的拓展首先体现在从局部到整体的扩展上。天人合一源于中国传统哲学，其主要表达的是中国文化背景下对人与自然关系的理解，强调的是在特定的地理和文化环境中，如何实现人与自然的和谐共生。这一理念深植于中华文明的历史土壤中，特别是在以农耕文明为基础的社会中，表现为人们通过遵循自然规律来获得与自然环境的平衡与协调。然而，随着全球化进程的加快和生态问题的全球性凸显，单一的地域性理念已无法有效应对跨区域、跨国界的生态挑战。此时，习近平总书记提出共建地球生命共同体理念，将天人合一思想从中国传统的地域局限中解放出来，扩展到全球生态系统的整体视角中。这一拓展并非仅仅是对天人合一思想的简单移植，而是通过对全球生态危机的全面审视，赋予这一古老思想以全球化的视野。具体而言，传统的天人合一思想强调的是在一个相对封闭的社会或文化系统中，人与自然如何实现和谐，这种和谐通常是局部的、地域性的。而地球生命共同体则突破了这种局限，倡导人类从整体上认识和对待地球生态系统，强调不同国家和地区在生态保护中的共同行动与责任。这种从局部到整体的视角转变，不仅要求我们超越单一文明的局限，理解人与自然关系的全球性和普遍性；还要求我们在全球层面协调各国的利益与责任，共同面对生态危机。因此，通过共建地球生命共同体的理念，天人合一从传统的、地域性的生态智慧，转变为涵盖全球、面向未来的生态治理框架。这种从局部到整体的拓展，不仅拓宽了天人合一思想的视野，还使其在应对当代生态挑战中焕发出新的生命力。

党的十八大以来，习近平主席多次在国际场合发表讲话，深刻阐明全球生态环境保护的重要性和紧迫性，呼吁全世界共同推进生态环境全球治理。2013年7月18日，在《致生态文明贵阳国际论坛二〇一三年年会的贺信》中，习近平主席面对全球日益严峻的能源危机、资源短缺和生态环境挑战作出庄严承诺，"中国将继续承担应尽的国际义务，同世界各国深入开展生态文明领域的交流合作，推动成果分享，携手共建生态良好的地球美好家园"。2014年，在出席二十国集团领导人第九次峰会第二阶段会议时，习近平主席明确了到2030年中国应对碳排放的目标，并表示"将设立气候变化南南合作基金，帮助其他发展中国家应对气候变化"。2015年，在联合国气候变化巴黎大会开幕式上，习近平主席阐释了中国在参与气候变化国际合作上的努力，并号召各国携手努力。2017年1月，习近平主席以共谋世界大同的全球视野深刻指出，"《巴黎协定》符合全球发展大方向，成果来之不易，应该共同坚守，不能轻言放弃。这是我们对子孙后代必须担负的责任"。习近平主席深刻阐发了人类命运共同体理念，呼吁各国共同建设绿色低碳、清洁美丽的世界。面对世界百年未有之大变局，人类命运共同体的现实意义更加凸显。2022年12月15日，习近平主席在《生物多样性公约》第十五次缔约方大会第二阶段高级别会议开幕式上致辞，再次发出国际社会共建清洁美丽世界的号召。这是习近平主席连续三年在生物多样性保护国际大会上，向国际社会提出共建地球生命共同体的中国主张,彰显了人与自然和谐共生的中国智慧。

二、从人类中心到多样性共存的拓展

共建地球生命共同体理念对天人合一思想的价值拓展,其次体现在从人类中心到多样性共存的转变上。传统的天人合一思想虽然强调人与自然的和谐关系,但这种和谐关系的核心往往是围绕人类的利益展开的。在古代中国,人与自然的关系主要体现在农业社会的生产和生活实践中,人们崇尚顺应自然、依赖自然,以求在自然中安身立命。在这种哲学思维中,人类仍然被置于生态系统的中心,主导着人与自然的互动关系,强调的是如何通过人的智慧与德行来实现天人之间的和谐。随着现代生态学的发展,人们逐渐认识到,生态系统的健康和稳定并不仅仅依赖于人类的行为,更取决于整个自然界的多样性和复杂性。共建地球生命共同体理念强调,不同生物之间的相互依存和共生共荣是维护地球生态平衡的关键。这一理念突破了传统天人合一思想中隐含的人类中心主义,主张在生态系统中,人类并不是唯一的主宰者,而是与其他生命形式共同分享地球资源的成员。每一个物种、每一种生命形式都有其存在的价值和意义,它们的共存构成了地球生态系统的丰富多样性。

从人类中心到多样性共存的拓展,深刻改变了我们对天人合一思想的理解。如果说传统的天人合一思想更多地体现为一种人类对自然的道德责任;那么在地球生命共同体理念的框架下,这一责任则被重新定义为对所有生命形式的平等尊重与保护。在这里,人类的角色不再是生态系统的管理者或是统治者,而是与其他生命形式平等共存的伙伴。更进一步地说,这一理念还强调了生态多样性对全球可持续发展的重要性。多样性不仅是生态系统稳定性的基础,也是其应对外界环境变化的能力来源。在一个健康的生态系统中,丰富的物种多样性能够更好地吸收和缓冲环境的变化,维护系统的长期稳定与持续发展。因此,保护生物多样性,促进不同生命形式的共存,成为共建地球生命共同体理念的重要内容。这一拓展使得天人合一思想不再局限于人与自然的简单对立与和解,而是提升到对生命整体的关怀与维护。在全球生态治理的实践中,这种多样性共存的理念要求各国不仅要保护本国的生态环境,还要参与和支持全球范围内的生态保护行动。这包括保护濒危物种、维护生态平衡、应对气候变化等方面的努力。地球生命共同体理念赋予天人合一思想更为广泛的适用性,使其成为全球生态治理的重要指导思想,推动国际社会共同应对生态危机,实现人与自然以及人与其他生命形式之间的真正和谐。

生物多样性使地球充满生机,也是人类生存和发展的基础。保护生物多样性有助于维护地球家园,促进人类可持续发展。中国是世界上生物多样性最丰富的国家之一。在促进人与自然和谐共生、实现生态保护与经济社会发展相互促进等方面,中国既有先进的价值理念,更有务实的行动举措。中国自然保护地的制度体系逐渐完善,全国各类自然保护地近万处;实施生态保护红线制度,明确生物多样性保护优先区域,90%的陆地生态系统类型和71%的国家重点保护野生动植物物种得到有效保护,部分珍稀濒危物种野外种群在逐步恢复；第一批国家公园正式设立……我国对森林、草原、荒漠、河湖、湿地、海洋等生态系统开展了一系列重大生态修复工程。例如，在"十三五"期间开展了抚仙湖等25个山水林田湖草生态修复工程试点。这些生态修复工程不仅有助于野生动植物的保护，而且极大地增加了生态系统的碳封存功能，提升了生态系统服务功能和生态系统稳定性。以流域保护为例，在2020年，长江流域重点水域开始实施"十年禁渔"制度，而且它作为修复长江水生生态系统的关键之举，已开始在长江水生生物资源恢复中发挥作用。在2021年上半年，东北虎、亚洲象、豹、棕熊和貉等野生动物频频出现在人类聚居区，这一方面说明无论在荒野还是在城市，部分野生动物的自然种群正在显著地恢复；另一方面说明局部的人与野生动物冲突与共存将是未来需要解决的命题。

三、从静态和谐到动态平衡的拓展

共建地球生命共同体理念对天人合一思想的价值拓展，还体现在从静态和谐到动态平衡的转变上。传统的天人合一思想，尽管强调人与自然的和谐共生，但这一和谐更多被理解为一种静态的平衡状态。在古代哲学的语境中，天人和谐的理想境界往往表现为人类通过遵循自然规律，达到一种持久的安定与平衡。这种观念在农业社会中尤为突出。因为农业生产高度依赖自然条件，保持自然环境的稳定性成为社会安定的基础。然而，随着人类社会的快速发展，特别是工业化进程的推进，人与自然的关系变得日益复杂和动态化。

在现代社会中，技术的迅猛发展和经济的高速增长，打破了传统意义上的生态平衡，带来了诸如气候变化、生物多样性丧失、环境污染等一系列全球性生态危机。这些问题表明，传统的静态和谐观念已经不足以应对当代复杂的生态挑战。

在此背景下，共建地球生命共同体理念提出"动态平衡"的新思路，赋予天人合一思想以全新的时代内涵。动态平衡观念认识到，生态系统本质上是一个动态变化的过程，其中各种自然因素和人类活动都在不断地作用和反作用。因此，实现人与自然的和谐，不能再仅仅依赖于维持某种固定的自然状态，而必须通过不断调整和优化人类与自然之间的互动，来维持生态系统的持续稳定。这种动态平衡的理念强调了人类在生态系统中的责任和主动性。人类不仅要适应自然环境的变化，更要积极参与到生态系统的调节和保护中去。例如，在应对气候变化的过程中，人类需要通过减少温室气体排放、推广清洁能源、保护森林等措施，积极调整和适应不断变化的气候条件，维护地球生态系统的健康与稳定。这种动态平衡要求人类不断调整自己的发展模式，以适应自然系统的变化和需求，从而实现人与自然的持续和谐共存。此外，动态平衡的理念还引导人们认识到，生态治理是一个长期的、复杂的过程，不能寄希望于一劳永逸的解决方案。现代生态挑战的复杂性和多变性决定了生态治理必须是一个持续的过程，需要不断根据新的情况、新的挑战进行调整和完善。动态平衡的理念不仅体现了对自然变化的尊重和理解，也反映了人类在面对全球生态危机时的谦逊和智慧。

在全球治理的层面上，动态平衡的理念同样具有重要的指导意义。面对全球性的生态危机，国际社会必须加强合作，通过多边协商、共享技术共同应对生态挑战，实现全球范围内的动态平衡。只有在全球层面上实现动态的生态平衡，才能真正保障人类与自然的和谐共生，推动全球可持续发展。共建地球生命共同体理念对天人合一思想的动态平衡的拓展，反映了习近平生态文明思想不仅深化了传统生态哲学的内涵，还为应对当代全球生态挑战提供了切实可行的理论框架和实践路径。这一拓展标志着天人合一从传统的静态和谐观念转向了更为复杂和现实的动态平衡观念，为全球生态治理的理论创新和实践探索奠定了坚实的基础。在动态平衡理念下，和谐共生的人与自然关系、协同共进的经济与环境关系、共同发展的国家关系，三者共同构成了共建地球生命共同体的主要内容。

一是构建人与自然和谐共生的生态共同体。习近平总书记从生态系统的整体性出发，提出"大自然是包括人在内一切生物的摇篮"，"生态是统一的自然系统"。这表明人与自然是相互依存、紧密联系的，生态系统中各部分也互相影响、互相作用。只有坚持山水林田湖草沙综合治理、系统治理、源头治理，才能构建人与自然和谐共生的生命共同体。

二是构建经济与环境协同共进的发展共同体。习近平总书记从生态环境与经济发展的辩证关系出发，指出"良好生态环境既是自然财富，也是经济财富，关系经济社会发展潜力和后劲"。这表明生态问题也是经济问题，保护和改善生态环境就是保护和发展生产力。只有正确处理生态环境保护和经济发展的辩证统一关系，协同推进经济高质量发展与生态环境高水平保护，才能实现经济社会可持续发展。

三是构建世界各国共同发展的命运共同体。习近平总书记从全球面临挑战的严峻性出发,强调"要心系民众对美好生活的向往,实现保护环境、发展经济、创造就业、消除贫困等多面共赢"。实践证明,在工业文明下,只讲索取不讲投入,只讲发展不讲保护,只讲利用不讲修复,是行不通的。各国只有深入开展生态文明领域的交流合作,才能共建生态良好的美丽地球家园。

四、从道德教化到全球治理的拓展

共建地球生命共同体理念对天人合一思想的价值拓展,还集中体现为从道德教化到全球治理的转变。在中华传统文化中,天人合一更多地被视为一种道德规范,要求个体通过修身养性,实现人与自然的和谐。这种观念主要强调个人的德行和内心的道德修养,认为通过个人的道德完善,可以促成人与自然的相互协调与共生。这种道德教化的模式,在古代中国以儒家思想为代表,深深影响了社会伦理和个人行为规范。然而,随着人类社会的发展,特别是在全球化时代,个体的道德修养固然重要,但已经不足以应对日益复杂和跨国界的生态问题。当今世界面临的诸多生态挑战,如气候变化、海洋污染、森林砍伐等,都是全球性问题,涉及不同国家和地区的共同利益,单靠个体或单一国家的道德行为已经难以有效应对。这些问题的解决,需要超越传统的道德教化框架,并上升到全球治理的高度。在这一背景下,共建地球生命共同体理念赋予天人合一思想以新的实践维度，将其从个人和社会层面的道德要求提升为全球治理的战略目标。这一转变强调，各国需要通过合作与协同，共同承担保护地球生态系统的责任。在全球治理框架内，天人合一思想不再仅仅是个人修养的准则，而是各国制定政策、进行国际合作的重要依据。

具体而言，共建地球生命共同体理念主张，通过构建公正合理的国际环境治理体系，推动全球范围内的生态保护与可持续发展。这包括建立健全国际环保法律法规、加强环境保护的多边合作机制、推动绿色技术的全球共享等措施。这一系列全球治理行动，旨在从制度和政策层面，保障地球生态系统的整体健康与可持续发展。这种从道德教化到全球治理的转变，不仅扩展了天人合一的思想内涵，还使其具有更强的实践性和操作性。传统的天人合一思想更多依赖于个体的自觉和道德自律，而共建地球生命共同体则通过全球治理机制，将人与自然和谐共生的理念融入国际法和国家政策，形成了一套有力的制度保障体系。这种拓展，使得"天人合一"从一个道德哲学概念，转化为当代全球生态治理的核心原则。

此外，这一转变还反映了当代中国对全球责任的担当与贡献。在国际社会中，中国通过倡导共建地球生命共同体，不仅推动了全球生态治理的进程，还展示了中国在全球生态文明建设中的领导力。这一理念的提出与实施，表明了中国在全球环境治理中从参与者到引领者的角色转变，也体现了中国对人类命运共同体的深刻理解和实际行动。共建地球生命共同体理念对天人合一思想的这一拓展，反映了习近平生态文明思想不仅深化了传统道德哲学的全球适用性，

读懂天人合一

还为应对当前全球生态挑战提供了务实且可操作的治理路径。这种从道德教化到全球治理的转变，标志着天人合一思想从传统的道德伦理范畴，升华为当代全球生态文明建设的核心理念，并赋予其新的时代价值与国际意义。

习近平主席多次在国际场合阐述共建地球生命体的基本内容。他强调："中国将继续承担应尽的国际义务……携手共建生态良好的地球美好家园。"2019年，中国北京世界园艺博览会上，他在开幕式讲话中也倡导各国"同筑生态文明之基，同走绿色发展之路！"在2021年，习近平主席再次呼吁各国应当"共同构建地球生命共同体，共同建设清洁美丽的世界！"[1] 从"共建生态良好的地球美好家园"到"同走绿色发展之路"，再到"共同构建地球生命共同体"，逐步体现出习近平生态文明思想与人类命运共同体全球价值观的相结合。

2020年9月22日，习近平主席在第七十五届联合国大会一般性辩论上提出我国二氧化碳排放力争于2030年前达到峰值，努力争取2060年前实现碳中和的目标。我国从顶层设计、多元主体与协同机制等多个方面入手，开启了一条崭新的负责任大国实现"双碳"目标之路。习近平总书记在2023年7月全国生态环境保护大会上强调："我们承诺的'双碳'目标是确定不移的……决不受他人左右。"[2] 这指明了我们走的实现"双碳"目标之路是自己的路，即传承中华优秀传统文化，以及人与自然和谐共生的中国式现代化道路。

---

[1] 习近平：《论坚持人与自然和谐共生》，中央文献出版社2022年版，第294页。
[2]《全面推进美丽中国建设　加快推进人与自然和谐共生的现代化》，《人民日报》2023年7月19日。

因此，建设清洁美丽世界的共赢全球观，实际上正是以"协和万邦"的视角审视当代整个世界的生态文明建设，是马克思主义基本原理与中华优秀传统文化相结合解决所面临问题的必然结果，更为解决全人类所面临的生态环境危机提供了中国方案。

中国作为负责任大国，积极参与全球环境治理，履行国际生态保护职责。主要从三个方面着力。

一是充分尊重和推动国际公约落实。中国积极响应联合国气候变化大会、联合国生物多样性大会和《联合国2030年可持续发展议程》要求，将应对气候变化、保护生物多样性融入国民经济发展规划，推进绿色转型，确保践诺履约。习近平主席在2022年世界经济论坛视频会议的演讲中宣布，中国已建成全球规模最大的碳市场和清洁发电体系，可再生能源装机容量超10亿千瓦，1亿千瓦大型风电光伏基地已有序开工建设。中国碳排放强度超额完成2020年气候行动目标，"爱知目标"执行情况高于全球平均水平，为推动全球环境治理贡献中国力量。

二是从单纯参与者向参与者、贡献者、引领者多重身份转变。中国在推动《巴黎协定》达成中发挥关键作用，率先发布《中国落实2030年可持续发展议程国别方案》，牵头实施"一带一路"应对气候变化南南合作计划，主动承办《生物多样性公约》第十五次缔约方大会，成立昆明生物多样性基金。一系列举措表明，中国在全球环境治理中扮演重要角色，"领头雁"作用日益显现。

三是促进全球治理体系优化。由于历史背景、社会发展水平不同，各国在全球环境治理中承担的责任义务也各不相同。中国充分考虑发展中国家权益，坚定维护正义，帮助发展中国家积极落实可持续发展议程，促进治理责任与发展能力的匹配原则贯穿各环节，推动国际治理体系更加公平合理。

五、从文化传统到国际共识的拓展

共建地球生命共同体理念对天人合一思想的价值拓展的第五个方面，体现在从区域实践到全球共享的转变上。传统的天人合一思想，虽然具有普遍性的哲学意义，但在实际应用中，往往与特定的地域环境和文化背景紧密相连。中国古代社会的天人合一思想，深深植根于中华大地的自然条件、农业生产方式，以及独特的文化传统。这种思想指导下的生态实践，如水土保持、农业生产的节令、风水布局等，具有鲜明的文化特色和地域局限性。然而，在全球化时代，生态问题早已超越国界，成为全人类共同面对的挑战。气候变化、环境污染、生物多样性丧失等问题，不再是某一国家或地区能够独立解决，而是需要全球共同努力。因此，共建地球生命共同体理念倡导，将传统天人合一思想中的生态智慧，从区域实践上升到全球共享的高度，推动不同国家和地区之间的生态经验交流与合作，形成共同应对全球生态危机的合力。

这一转变首先体现在生态文明建设的全球推广上。习近平生态文明思想将中国的生态实践经验，如绿色发展理念、生态环境保护措施、可持续发展模式等，提升为可以为全球借鉴的普适性经验。通过"一带一路"倡议、南南合作等国际合作平台，中国积极推动生态文明理念的传播，鼓励其他国家，特别是发展中国家，借鉴中国的生态治理经验。这种经验共享的过程，不仅有助于提高全球环境治理的整体水平，还促进了不同文明之间的对话与融合，使天人合一思想在全球范围内得到了更广泛的认可和实践。其次，从区域实践到全球共享的转变，还体现在生态技术和绿色发展的国际合作上。在共建地球生命共同体理念的引导下，中国积极参与并推动全球生态技术的创新与共享。例如，在清洁能源、污染防治、气候变化应对等领域，中国不仅大力推进本国的技术研发，还通过技术转移、国际合作等方式，与其他国家共享这些成果。这一过程，不仅有助于提升全球绿色技术的普及水平，还推动了全球经济的绿色转型与可持续发展。此外，这一转变还体现了中国在全球生态治理中的责任担当和贡献。在全球气候谈判、国际环境条约制定等方面，中国以共建地球生命共同体理念为指导，积极提出中国方案，推动形成更为公正合理的全球环境治理体系。这一过程中，中国不仅分享了自身的实践经验和技术成果，还主动承担了与自身发展水平相适应的国际责任，通过提供绿色援助、参与全球环境保护项目等方式，支持其他国家特别是发展中国家实现可持续发展。

习近平主席多次在国际舞台上发出守护地球家园的中国倡议，提供完善全球生态治理的中国方案。2020年11月22日，在二十国集团领导人利雅得峰会"守护地球"主题边会上，呼吁国际社会携手应对气候环境领域挑战，守护好这颗蓝色星球；2021年4月22日，在领导人气候峰会上，呼吁国际社会勇于担当、勠力同心，共同构建人与自然生命共同体；2021年9月21日，在第七十六届联

读懂天人合一

合国大会一般性辩论上,提出完善全球环境治理,积极应对气候变化,构建人与自然生命共同体。中国坚定维护多边主义,积极参与全球环境治理。中国持续加大对全球环境基金捐资力度,已成为《生物多样性公约》及其议定书核心预算的最大捐助国;在"南南合作"框架下,中国积极为发展中国家保护生物多样性提供支持,全球80多个国家受益;中国将与世界自然保护联盟共同成立"基于自然的解决方案"亚洲中心,搭建生态保护修复领域国际交流窗口平台。在高质量共建"一带一路"进程中,中国将生态文明领域合作作为重点内容,发起一系列绿色行动倡议,采取绿色基建、绿色能源、绿色交通、绿色金融等一系列举措。在毛里塔尼亚,中国专家将塔克拉玛干沙漠治理经验带到该国及周边国家,并为这些地区在农林牧生态系统检测评估、可持续土地管理和绿色经济等方面展开培训;在乌兹别克斯坦,援建自动气象站示范站,并提供技术支持和人员培训,提升当地气象观测水平;在蒙古国,实施戈壁熊栖息地管理技术援助项目,帮助蒙古国"国熊"摆脱濒临灭绝危机……联合国经济和社会理事会主席穆尼尔·阿克拉姆表示,中国在推进共建"一带一路"过程中,逐步引入生态文明和绿色经济概念,惠及沿线国家。"这不仅是发展中国家,而且是整个世界都非常欢迎的一个举措。"地球是人类共同生活和守护的家园,各国(地区)是休戚与共的命运共同体。中国将与世界各国(地区)携手前行,共谋全球生态文明建设之路,共建万物和谐的美丽家园,共创人类美好未来。

生态保护是系统性复杂性长期性工程,需要各国互相取长补短,相互汲取经验智慧。中国气候环境类型多样，生物多样性居世界前列，治理经验能够为其他国家生态保护提供宝贵借鉴。

一是分享理念价值。理念认同是行动的先导，共同理念是合作的基石。2020年9月，我国向全球发布《共建地球生命共同体：中国在行动》联合国生物多样性峰会中方立场文件。2021年10月，我国发表《中国的生物多样性保护》白皮书，大力提倡"人与自然生命共同体"理念。习近平总书记在2019年北京世界园艺博览会开幕式讲话中提出"共同建设美丽地球家园"，在2020年第七十五届联合国大会一般性辩论中强调"建设生态文明和美丽地球"，在2021年《生物多样性公约》第十五次缔约方大会领导人峰会呼吁各界"共建地球生命共同体"。这些重大理念内涵深刻，体现对人类未来命运的深刻思考，在中国大力提倡下，世界各国逐步认可接受。"生态文明"首次作为联合国各环境公约缔约方大会主题，彰显中国理念的世界意义。

二是分享做法行动。向世界主动分享中国在污染治理、环境保护、生态修复方面的成功举措。开展以生态为主题的外事活动，主办高规格高峰论坛、国际会议，介绍中国方案，邀请国际组织专家、驻华使节实地深入了解中国生态保护成就；聚焦典型生态问题，发布系列"中国应对气候变化的政策与行动年度报告"，为世界提供可复制可操作做法；推广绿色科技成果运用，携手保护生态，如菌草技术、光伏发电技术在多个国家应用，成为绿色援助典范。这些做法为全球生态保护提供了中国智慧，也有力推动了生态保护国际合作进程。

读懂天人合一

  通过从区域实践到全球共享的转变,天人合一思想得到了更为广泛和深入的实践和传播。习近平生态文明思想将这一传统理念的区域性特质升华为全球性的指导原则,推动各国在生态治理中形成共识,共同构建更加公正、包容和可持续的全球生态文明体系。这一转变不仅增强了天人合一思想的全球适用性,也为全球生态治理提供了中国智慧和中国方案,展现了中国在全球生态文明建设中的引领作用。总之,从区域实践到全球共享的转变,标志着天人合一思想在全球化背景下的再创新与再发展,使其从古代哲学思想转化为具有全球影响力的生态文明建设理念。这一拓展赋予天人合一思想新的时代内涵和国际意义,推动全球范围内的人与自然和谐共生,共同构建一个更加美好和可持续的地球家园。

结　语

2018年5月，习近平总书记在全国生态环境保护大会上指出："中华民族向来尊重自然、热爱自然，绵延5000多年的中华文明孕育着丰富的生态文化。"党的二十大报告指出，天人合一"是中国人民在长期生产生活中积累的宇宙观、天下观、社会观、道德观的重要体现，同科学社会主义价值观主张具有高度契合性"。天人合一早已融入中华民族文化血脉中，构成了一种价值理念追求，也指引着当下的生态文明建设实践。

天人合一以天人相通、万物一体为基本思想，建构了一个有机整体的哲学体系，将自然与人类社会置于同一逻辑结构中进行考察与分析。这一思想在中国传统社会中，奠定了人与自然共生共存的伦理基础，体现出深刻的辩证法和整体观，是对自然秩序与人类秩序统一性的哲学表达。天人合一思想对自然资源的可持续利用与环境保护产生了积极的作用，影响了农业生产、法律制定。

就天人合一思想的传承性而言，古人和现代人在追求人与万物、社会与自然和谐共生的理念上是相互融通的。中国南方传统建筑天井，就是古人在居住环境方面追求天人合一的体现；现代人则通过现代建筑学原理，构建节能、绿色、环保的宜居环境。可以说，古今虽隔久远，但对良好居住环境的追求是一以贯之的。

百余年来，在中国共产党的领导下，天人合一思想得到了新的诠释与发展，为新时代生态文明建设提供了理论支撑，助力实现"美丽中国"的宏伟目标，并为全球生态治理贡献中国智慧。

从"环境保护"到"生态文明"，从"绿化祖国"到"人与自然生命共同体"，党和国家、社会、个人对天和人的关系的认识越来越深，对生态环境保护重视程度越来越高。环境保护从单一保护和治理发展到对整个生态系统的统筹保护。在这个过程中，人人都参与。人们环保意识增强，选择绿色生活方式，自觉进行垃圾分类。各种环保民间组织自发成立，有力传播环保理念、监督破坏环境行为。环境保护从对国内的保护拓展到了对全球的保护，逐渐强调积极参与全球环境治理。中国正在成为全球生态文明建设的重要参与者、贡献者、引领者。

天人合一在当代更加强调对人的保障。天人合一不只注重对自然的保护，还注重保障人的利益。为了保护生态环境，在某个时期可能会影响个人利益，如长江禁渔、大象觅食，这时就需要国家通过补偿的方式妥善保障因保护环境而利益受损的群体的利益。同时，对人的保护还体现在提升与人类健康相关的指标、划生态红线、保耕地、禁围湖等方面，全面保障人的利益。

天人合一思想的传承和发展，是建立在对天与人的规律、关系的认知不断探索和加深之上的。天人合一，随着科技的发展、认识的更新，还有更多的内容值得我们去挖掘。天人合一，天惠人，人惠天，天人互惠。